U0147977

RSPRC

2015
年度風險分析報告

臺灣風險十堂課

周桂田 主編

——食安、科技與環境

巨流圖書公司印行

國家圖書館出版品預行編目（CIP）資料

臺灣風險十堂課：食安、科技與環境／周
桂田主編. -- 初版. -- 臺北市：臺大風險
政策中心, 2015.07
面；　公分

ISBN 978-986-04-4887-0（平裝）

1. 科技社會學　2. 風險社會　3. 環境政治

540.933　　　　　　　　　104007636

臺灣風險十堂課——
食安、科技與環境

主　　　編　周桂田
責 任 編 輯　張景儀、林瑜璇
封 面 設 計　余旻禎

出　　　版　國立臺灣大學社會科學院風險社會與政策研究中心
　　　　　　10617 臺北市大安區羅斯福路四段 1 號
　　　　　　電話：02-33668422
　　　　　　傳真：02-23657409
　　　　　　e-mail: ntusprc@ntu.edu.tw
　　　　　　網址：http://rsprc.ntu.edu.tw

編 輯 部　　23445 新北市永和區秀朗路一段 41 號
　　　　　　電話：02-29229075
　　　　　　傳真：02-29220464

劃 撥 帳 號　01002323 巨流圖書股份有限公司
購 書 專 線　07-2265267 轉 236

法 律 顧 問　林廷隆律師
　　　　　　電話：02-29658212

出版登記證　局版台業字第 1045 號

ISBN ／ 978-986-04-4887-0（平裝）
初版一刷・2015 年 7 月

定價：250 元

目　錄

推薦

　　風險在過去十多年來已成為國人的日常用語，風險具多面向的意義。而此書從一般人比較容易理解的面向來看國內近年來發生的重大意外事件與爭論事件，絕對有助於讀者關心發生於身旁的事件。

吳焜裕

臺灣大學公共衛生學院職業醫學與工業衛生研究所教授

臺灣風險分析學會會長

　　從核災到地溝油，從石化氣爆到粉塵閃燃，風險社會推陳出新、不斷變體。面對這些苦難與恐懼，我們必須認真複習臺灣風險的十堂課，嚴肅思考制度面的改革。

吳嘉苓

臺灣大學社會學系教授

　　這是一本了解臺灣風險社會所面臨的風險問題、風險形成的原因、風險發展的歷史脈絡和社會基礎、風險問題中的科學技術人文的糾結和碰撞的好書，也是民眾趨吉避險必讀的書。

詹長權

臺大公共衛生學院副院長／全球衛生中心主任

　　八仙塵爆將一個原本充滿歡樂的夏日聚會瞬間轉變成人間煉獄，國際媒體甚至以 inferno 形容之。可見，在臺灣，風險確實無所不在。此書讓讀者能夠快速地了解風險，更從食品安全、環境保護……等相關課題，讓讀者掌握在風險社會中的自保之道。

謝豐舟

臺大醫學院榮譽教授

　　「風險」的相對概念是「安全」，而臺灣除了高科技和環境、食安風險令大眾感到不安全之外，2015 年就添增了不少交通（如墜機）、化學意外（如八仙樂園粉塵爆炸）等重大公共安全事件，影響人心甚鉅，這顯示臺灣的集體風險意識有待加強。本書的十堂課十分具有解釋力和啟發性，不只值得推薦，還需不斷延伸，才能建構臺灣成為更安全的家園。

顧忠華

政治大學社會系教授

序

　　我們驀然驚覺，我們早已生活在具有高度無法預見、不可逆衝擊下的風險社會中。

　　猶記得 1980 年初，臺灣社會爆發出鎘米事件震驚全國，含鎘的工業廢水滲透至我國農業土地後，對於農民、民眾都造成難以撫平的創傷；其後，1980 年代末，我國再次因為含有大量重金屬的工業廢水恣意排放，造成養殖牡蠣逐漸生長成為怪誕的綠色牡蠣；接著，1990 年代臺灣美國無線電公司恣意使用、不當管理有機溶劑而造成我國當地土壤與地下水的污染（RCA 事件），使得受雇女工們長期暴露在高風險的致癌環境中，造成許多家庭難以撫慰的悲痛；不僅僅於此，2005 年時我國爆發出戴奧辛含量過高的毒鴨蛋事件，再次重創我國鴨農；不到十年間，在 2011 年日本更是因為強烈地震引發海嘯，福島核電廠的機組被大規模地摧毀，全球性的核災瞬間蔓延，鄰近日本的我國不免遭受一定程度的波及；同年兩個月後，我國猛然地爆發食品任意添加塑化劑、起雲劑等工業用品至少十年以上，並且，更是連帶爆發出我國醬油、市售粉圓等其他食品皆具有不當的工業化學品摻雜；接續在 2013 年、2014 年後，我國再度爆發出橄欖油混加銅葉綠素、飼料油摻雜餿水油精鍊為食用油等大油品公司，從中以獲得巨額暴利事件，而這些不僅僅對於人體造成罹患各種癌症、不孕症的風險提高，更是重創我國國際形象；2014 年 7 月 31 日夜間，高雄地區的石化管線與下水道的錯綜複雜，終究導致不幸的氣爆事件，致使災區宛如戰場般的殘破；而迄今，我們甚而開始需要檢驗室外空氣品質的良窳、$PM_{2.5}$ 濃度高低來讓我們下一代的孩童是否能夠出外一窺藍天之美。

　　風險文明，已經從技術，逐步擴大侵蝕到我們日常生活的食安、行動與經濟，更逾越了人們道德的忍受度。

　　隨著全球新興科技的興起與擴散運用，上述令人恐慌的食品、環境與工業污染等風險事件發生的頻率，緊鑼密鼓般地險峻竄起、攀升。同時，次次發生的能量所遍及影響的範圍也逐漸擴大、逐漸嚴重而呈現不可逆之狀態。這不僅僅構成人民的環境、食品、疫病或是健康的威脅，更是嚴峻地考驗各國的風險治理模式。臺灣在其中也不無倖免，過往科技決策的專家政治型態、傳統技術官僚治理思維、剝削式資本主義的墮落與推諉，都再再顯示已經無法因應現今生物、資訊、能源、醫療、奈米等新興科技下所帶來的跨界風險治理的需求。並且，更形成政府與民眾之間的對峙、衝突與不信任危機。

　　對此，我們疾呼，目前臺灣正為政府轉型怠惰、產業轉型怠惰與遲滯性風險社會狀態所困；我們認為面臨鉅變之際，現今為急迫性地需要更基礎、紮實與持續的實踐研究關懷。同時，應該全面提升知識社會，來促進臺灣社會與公眾對於當代各種劇烈危機、社會變遷與政策議題等皆有更深一層的認識。

　　風險社會與政策研究中心希冀能夠建立研究與溝通平台，縮短社會、環境與科技治理之實務與政策間藩籬，並將過去侷限於學院內的研究加以傳散，期能對於陷入轉型困境、公共論辯失焦的臺灣社會，提供概念上的啟發，並對科技治理典範與制度創新有所助益。

　　奠基於上述社會價值的推廣、轉譯之目標，本中心爬梳各國風險治理模式、科技評估制度，包含歐盟科技評估、德國科技評估、丹麥科技評估、荷蘭科技評估、日本科技評估與歐盟科技研發政策等，集結成冊。並陸續出版風險社會理論專書、高雄氣爆專書、食品風險政策與治理專書，以及相關的環境、科技與永續社會專書，希冀能夠透過各種角度來為我國的風險治理模式帶來創新與改革參考。

　　接著，本中心目前致力著手探討臺灣結構性治理困境問題，在論析過往跨界風險挑戰並建構前瞻社會發展的角度下，本中心針對臺灣結構轉型過程中所遇到的困境與關鍵議題，劃分為本中心關注的四大主軸：（一）低碳創新綠色經濟；（二）氣候變遷能源轉型；（三）食品安全；（四）新社會風險。我們將逐步就這些領域進行探討、分析並期許能對政策提供建言，並持續透過平面與數位出版，來擴散具有行動性、制度性、參與性、多元性的治理典範轉移思維之風險治理系列叢書。

　　我們希冀能夠藉由本中心系列的行動研究、知識擴散、社會參與、跨界媒體合作等，來促進臺灣社會議題深化思辯、促進各界的對話交流，以此，逐步建構轉型社會的治理創新元素——公民參與、制度信任、國家信任與社會信任，協助臺灣與東亞社會從撕裂信任的轉型泥沼脫困，轉換到人們渴望已久的永續綠色路徑。

周桂田
中華民國一〇四年六月一日

導讀

2014年，地球發燒了，現在是高達30度的11月天

　　2014年的11月25日，臺北氣溫29度，酷熱的像是夏天一樣，中南部甚至可以達到30度以上。而透過美國國家氣候數據中心（NOAA）全球統計結果，2014年10月份，全球海水溫度創下1880年以來最高溫紀錄。

　　19世紀以來，工業文明透過大量燃燒化石能源這些老祖宗遺骸，所創造出來的廉價能源、廉價化肥、化學物，過程中排放出來的大量二氧化碳、溫室氣體，已經對全球氣候造成不小的影響。在糧食方面，化石燃料提煉的化肥，推動慣行農業破壞耕地土壤，使土壤砂質化；或使用各種方式合成出來的化學物質，被大量用於食品添加物、基因改造食品；甚至是化學激素用於食品生產所造成的塑化劑、瘦肉精問題；或不肖食品企業的高科技，並非用於造福消費者，反而是利用科技提煉皮革廢油、餿水廢油製作販售給消費者的食用油，其科學技術甚至能夠規避衛生管理單位的檢驗稽核。

　　2011年311福島核災那好比世界末日的畫面透過影像傳播進入到你我的腦海中。核能發電廠這種「高度精密的大型科技系統」，就像維珍銀河公司（Virgin Galactic）「太空船二號」（SpaceShipTwo）在2014年11月試飛墜毀事件一樣；或如美國1986年挑戰者太空梭失事一樣，往往因為微小失誤或人為因素，導致整個系統崩潰。事實上，擁有先進科學技術和職業文化的日本都會發生核災，何況是擁有公共

工程層層轉包工程文化的臺灣。這些事情環環相扣，事情一再發生，就是不斷警告我們，我們已經走到非改變不可的地步了。

　　也就是，我們已經走到要進行整個國家、社會風險治理與思維全面轉型的時刻！在這個脈絡下，本書邀請國內在這些領域上相當專精的學者，以十個風險案例，爬梳近期在臺灣爆發的食品安全、環境、科技等爭議事件，並回顧與檢討臺灣目前面臨到的風險樣態，提出治理創新之道。

一再爆發的食安問題，人心惶惶，究竟該如何解決？

　　在食品方面，多達萬種的化學物質，一些完全難以預料到的化學物，竟然有人會將之用在食品加工上。包括毒澱粉、塑化劑，為了增加食物口感或賣相；或是為了追求利潤的極大化，極力降低成本，因而採用的劣質原物料，僅為了貪圖幾塊錢的獲利提升，就傷害了消費者的健康。這些食品生產手段，很有可能是造成近十年來國人癌症大幅提升的元兇。食品安全問題雖然一直不斷發生，但政府卻看似束手無策？為什麼？因為政府做事講求的是科學、是證據，而化學物質的種類高達幾萬種，在政府傳統管制科學的原則上，很難一件件的化學毒物都進行化驗；其次，政府依法執行公權力，講求的是法源依據和證據力，沒有法源，不能辦人；沒有科學證據，法官不能只按照自由心證判人。所以即使你我吃到的都是餿水油，只要驗不出來，或科學不能證實對人體有害，或者是沒有直接證據能表示我們今天生的病，是過去吃這些壞東西引起的，廠商就不用負擔刑責；甚至在2014年年底《食品衛生管理法》修正之前，受害者還必須自己負舉證責任，把十年來你我所吃過的東西的所有發票單據都留著，證明你有吃過這些廠商所生產的壞東西，才能要求賠償；第三，現在很多的食品管理

標準，就是認為「一點點」的毒，不是毒，是人體可以自行解毒的。而國內外食安單位提出的標準值觀點，雖然將標準值與造成人體傷害的劑量極限值拉高許多倍，但是別忘了，獲利是歸於業者，消費者卻需承受直接的身體「微量」傷害。所以，我們呼吸微量有毒空氣、吃微量農藥、喝微量的瘦肉精，都不是問題，只要科學能夠證實，這吃下去，短期內不會發生問題，就沒問題了，這樣對嗎？這些事件，已經不是第一次發生，也不會是最後一次發生，我們必須瞭解事件的始末，才能夠知道，我們所生活的這塊土地，這個制度，出現了什麼問題？

第一章〈本土食品風險與國際經貿角力：從美牛到美豬〉，整理了過去曾經引起國人重視的美國瘦肉精牛肉進口爭議，並分析瘦肉精牛肉，在美國與臺灣密切的政治經濟架構下，如何利用各種方式遊說施壓，迫使臺灣在內的東亞國家，接受美國的食品風險論述。在美牛事件當中，文章中提到瘦肉精的檢驗、國際食品法典委員會的標準制訂過程、美牛進口與臺美 TIFA 的嵌合、狂牛症風險、劑量解讀等等，都有很大的爭議，最後也提出了如何有效進行風險溝通的建議。

第二章〈2013 大統油品事件與臺灣食品安全的風險治理〉，其討論了 2013 年大統長基的橄欖油混油事件的爭議點，包括：一、從食品添加物的安全問題，到專家知識和民眾感知；二、GMP 標章認證的公信力；三、從消費者的權益保障出發。作者探討專家知識與常民知識、政府仰賴的企業自主管理制度、食安管理制度，到風險事件發生之後消費者如何求償等爭議點，並提出幾項解決模式的參考。作者也強調，目前政府採行的科學管理模式已經難以讓民眾信服，因此需要調整，尤其需要強化風險溝通，增進公民參與機制。

第三章〈餿水油議題及其食品風險治理爭議〉文章中，整理了2014 年這一起幾乎動搖民心、國本的地溝油、餿水油事件。這次的

事件突顯出臺灣食安管理的許多爭議與疏失：第一，有人提出一種計算方法，計算出臺灣每個人每天只吃下30毫克的假油，對人體健康微乎其微；第二，地方政府進行食安稽查時，缺乏人力物力，且有官商勾結之嫌疑；第三，政府食安體系、企業自主管理的標章制度在假油事件徹底失敗。在文章的結尾，並從體制面檢討臺灣政府事後的補救措施，並討論優劣。

經濟開發與環境保護，如何取捨？如何兼顧？

在環境方面，從2013年齊柏林導演拍攝的《看見臺灣》，讓我們看到被經濟開發思維主導，山林土地超限利用的餘波蕩漾；或某些企業排放廢水，將生產成本讓社會共同承擔的憾事。這部影片導引出臺灣如何面對全球氣候劇烈變遷的話題；臺灣產業如何面對環境保護與降低成本的兩難；以及臺灣政府如何進行環境保護、產業轉型的問題。我們都知道，臺灣是全世界天災最頻繁的地區之一，同時臺灣也是全世界經濟活力最旺盛的地區之一。然而，長期以來執政者只以GDP成長主義為國家發展的施政主軸。這樣傾斜的執政理念變成只管GDP發展，其他的問題像是：企業排放有毒物質、國土破壞、可耕地減少、土壤流失或是GDP的成長能不能回饋到勞工薪資，都不重要。反正，問題留給下一任，下一代處理就好了。這種心態。甚至將核電廠蓋在斷層帶上面，或核電廠經過臺灣複雜法規與政治處理，工程層層轉包、停建再重建，連國際專家都覺得危險，但還是在為了維持發電獨占的國營企業，台電「供電穩定」的論調下，繼續維持低電價，並同時對某些高耗能、高污染卻低獲利的產業提供廉價的電力來源。其目的，讓這些企業透過將環保成本外部化，透過破壞環境的產業賺錢，是我們經濟成長的唯一手段。但是卻忽略到，許多歐美先

進國家，早已透過全面性的產業與環境轉型，建立起新一波的經濟成長，而在這方面，臺灣卻遠遠的落後西方國家。

第四章〈高屏大湖開發爭議〉，探討了這一起水利工程大型開發案例，如何透過擴大社會參與、促進政策利害關係人的持續對話，達到民主與多元和多層次的風險評估，並引進與土地密切共生的當地居民，取代了過去水資源治理長期倚賴的工程慣性和水利專家治理模式，如何推動科技決策過程的民主化。這一起大型水利工程的民主參與案例，值得我們瞭解及思考。

第五章〈核四爭議〉，裡面詳細地整理與說明臺灣在 2014 年太陽花學運前後，核四龍門電廠所掀起的激烈抗爭與政治角力過程，都有周密的說明與分析。核四是從 1980 年代提出的重大建設，但也是纏繞臺灣社會將近三十餘年的重大爭議，牽涉到的層面極廣，從國際政治經濟到國內的產業、民生用電、能源政策甚至是國土防災治理，都有密切的關係。而經歷了多年政治紛擾、低劣的工程品質，以及高度的社會不信任氛圍下，最終核四龍門電廠被暫時的進行封存，將問題留給下一代處理，這可以說是反核派的暫時勝利。透過這篇文章，我們可以瞭解到這些年來臺灣社會運動的基本特質演變。

第六章〈苗栗苑裡反風車爭議〉詳細地闡明苗栗苑裡反風車的爭議事件，並更進一步分析未來我國發展綠能產業以及未來可能面對能源轉型的風險治理問題。首先，我國在面對地狹人稠之先天困境來發展風力發電，相關產業代表、行政機關如何介入運作；自救會民眾如何提出其他科學論述進行反方答辯。當中，決策程序過程中的資訊揭露不足、與民眾認知有所落差，終究逐漸演變成當地居民大規模抗爭。文末，此篇文章亦分享德國成功的生質能源轉型民主的案例，並提出我國應重新塑造能源產業與在地居民共享能源權的發展模式，來因應當代能源轉型與「能源民主」的困境課題。

高科技系統風險與科學證據的不確定性

　　科技方面，許多科技發展常常創造出原本無法預料的風險，或者是創造出難以進行管理的情境。例如：大家一致認為是潔淨能源的風力發電，居住在風力發電機組附近的居民，必須日夜忍受著風車產生出來的噪音，長期下來精神衰弱，只好出來抗爭。另外，再回到核電廠的設計來看，核電廠是專家所公認的大型科技系統，系統內整個結構環節層層扣連，以福島核災為例，就是因為海嘯造成冷卻系統失靈，某個環節出錯，就會導致系統崩潰，發生重大災難。所以，大型科技系統如果是具有波及範圍廣、影響程度高的核能電廠，就必須要以最高規格的安全標準來看待；以臺灣中華航空發生的澎湖海域空難為例，就是因為一點點的維修疏失，就造成整個空難的發生。以高鐵為例，轉轍系統的訊號異常，也很容易釀成非常重大的死傷與災難，這在世界各國也有相關的案例。

　　其次，2014 年 8 月發生在高雄的石化管線氣爆事件，這一起爆炸事件，除了暴露出政府對石化產業最基本的輸送管線路線圖，這種基本資訊的掌握都不足之外，還暴露出我們面臨化學災害的應變能力不足，更別提到高污染的石化產業，如何維護大家的身體健康問題。現在世界各國研究單位，對於石化產業周遭的空氣、水、土壤污染，是否造成孕婦、孩童或成人的身體危害，都有流行病學的證據與統計研究之外，甚至是對遠距離居民所造成的微量毒害都有相關的研究，而政府肩負了保護人們生命安全的責任，卻在管制標準上，面臨了許多困難。

　　第七章〈石化空污管制困境與社區行動科學的啟發〉，主要藉由高雄氣爆事件、雲林麥寮的六輕石化產業等來談論我國石化產業下的風險治理課題，點出在石化產業的運作下，深深地影響我國空氣品

質的良窳，也致使在地居民、甚而孩童，都被迫承擔如同石化廠區內工人般的工業等級健康風險問題。對於前述的空氣污染的健康質問、污染暴露的科學因果關係建立的爭議，此篇文章不僅闡述我國現行法律所規範的方法缺失，更是提出新興的治理典範與模式，藉由社區的街頭科學、公民科學等社區監督策略等，重新尋找更多利害關係人參與、深化與健全環境的知識建構，以利於朝向科技民主與環境正義的社會邁進。

第八章〈澎湖空難事故及高鐵道岔異常：大型交通運輸科技系統的風險治理〉，從大型科技系統的角度來檢視風險，本文尤其是鎖定在交通運輸科技系統來討論。作者提到了大型科技系統，並非純粹只是機械性的技術問題，而是與工業制度、社會秩序、組織管理、法令規則、資源，所共同組織而成的。大型科技系統不但是跟文化因素相關，甚至風險的計算，應該可以被視為一種社會技術問題。而大型科技系統內部所涵蓋的專業技術知識，也造成了非原廠工程師、科技移植國的國會、一般公民團體等等，第一線直接承受風險的人們監督權利的喪失。

第九章〈H1N1 疫苗接種〉，回顧2009 年所發生的臺灣第一例H1N1 感染案例開始，到後續政府針對防疫過程所進行的手段及過程。本文探討政府進行風險溝通問題，指出因為政府過於偏重專家政治所提出的風險論述，與直接承受第一線風險的施打疫苗民眾有不一樣的風險感知，導致公眾對於官方說法的不信任，並進而導致風險嚴重性被放大，最終透過媒體，一再放大，進而被全民抵制的過程。

第十章〈電磁輻射風險〉，就國內外幾個電磁波輻射風險的爭議進行回顧及討論。包括國際組織文獻內，關鍵用語的翻譯，有刻意避免安全爭議之嫌。第二是「熱效應」和「非熱效應」的爭議。可以看出政府為了推動產業的發展，刻意選擇偏向業者、忽略風險的論述，

其結果促使政府與民間在電磁波輻射爭議中的溝通嚴重失焦。面對這些科學不確定性涉及致癌等健康爭議的範圍，我國管制機制上應嘗試引進預警原則的可能性。

小結：危機就是轉機，這是風險治理觀念全面轉型的契機

我們發現對於食品安全問題的維護與調整，並不僅僅建立在罰則的提高而已。而是除了要回應日益複雜的管制標準之外，在許多具有科學爭議、高度不確定的模糊空間、法律模糊地帶的管理與界定，甚至牽涉到國際強權的國際政治經濟壓力下，主政者要如何落實有效管理、風險治理，並維護消費者的健康，或讓消費者重新掌握食品選擇權力、避免在資訊模糊的空間下劣幣驅逐良幣的慘痛結果。這雖然不是一蹴可成的，但至少是我們可以長期努力的方向。

其次，我們在面對高度複雜性、傷害幅度高、波及範圍廣的高度複雜科技系統，除了要以全體人民健康安全放在第一位之外，還必須重新審視國內能源補貼、低電價，高耗能產業的能源補貼問題。除了逐步要求產業界進行節能升級之外，政府更應該就本身國營的電力業、政府機關等部門進行減碳及節能，除降低整體用電需求之外，還必須提升潔淨能源的發電量。這些部分，是本書中所沒有討論到的。

第三，我們已經面臨全球極端氣候的影響，臺灣是颱風、地震等天災、災難密度最高的地區之一。因此許多大型國土開發案，不能完全偏重經濟開發的思維，而應該顧及到整體的國土規劃及防災治理的規劃。也必須適度的疏散人口，以降低土地的承載力。

本書回顧近年來臺灣所發生的年度風險重大事件，仍有許多可以更進一步深度地探討與釐清之處，不過透過閱讀與瞭解本書編排的這些風險事件的特質，很明顯能夠發現，許多的風險是源自於價值的選

擇、生活態度的選擇，在風險治理的層面上，並無法完全規避任何的風險。例如核電使用與再生能源等潔淨能源的使用，或例如食品安全問題，政府如果做好資訊揭露的工作，讓消費者有充分的資訊能夠選擇，並且避免劣質廠商劣幣驅逐良幣，那麼選擇權就可望回到公民身上，公民能夠自行決定是否承受風險；例如經濟與環境、產業發展方向的爭議，也是一種整體國民進行價值持續建構、溝通的選擇過程。在這一個整體國家與社會發展方向與格局架構上，如何因應目前國際上共同面對的問題，並且確實討論出一條大家願意走的共同意志，做一個持續性的制度改革與共同意識建構，才能讓我們擁有更好的制度、更好的未來。

第 **1** 堂課──
本土食品風險與
國際經貿角力：
從美牛到美豬

周桂田　主任
國立臺灣大學社會科學院
風險社會與政策研究中心

歐陽瑜　助理教授
銘傳大學國際學院
新聞與大眾傳播學程

　　自從 2009 年進口帶骨牛肉以來，臺灣從美國進口牛肉已經占進口牛肉市占率的七成，成為進口牛肉的最大宗。2011-2012 年美國牛肉進口檢出瘦肉精（又稱萊克多巴胺，Ractopamine），不但是自 2005 年、2009 年美牛第三次叩關後出現的重大本土食安風險爭議，更牽動到國際經貿外交競合角力、本土畜牧業發展，以及國人食品安全與健康等等價值選擇問題。到底國人的食安風險應由誰來決定？以國家經貿利益交換國人健康的平衡點，應由誰來把關？2012 年的瘦肉精美牛事件是牽動各方利益的一個值得深思的食品風險事件，可以為未來可預見的美豬進口角力借鏡，建立臺灣食品安全治理上，更強健的社會預警、公民審議的基礎。

壹、事件發展

　　進口美國牛肉議題在臺灣引起爭議，一直與臺美政治因素掛鉤。2007 年「臺美貿易暨投資架構協定（TIFA）」次長級談判因為美國帶骨牛肉無法進口臺灣的問題延宕。由於美國牛肉曾出現狂牛症、瘦肉精殘留等問題，引起國內不同的利害關係人擔憂與疑慮；但另一方面，開放美牛進口又被視為有助於重啟 TIFA、簽訂《自由貿易協定》（FTA）、赴美免簽證，與美國對臺軍售等重要關鍵議題。由於本議題牽涉到從食品安全、臺美間經貿、政治與戰略關係等各方利益折衝，臺灣內部與外部等不同價值判斷與考量，在 2007 年到 2012 年間美牛到底該不該開放進口？到底應比照哪一種國家標準（美國、中國、日本、韓國）來做為決定基準？

　　美牛風險事件凸顯出風險責任分配的價值判斷，在現行科技理性治理的架構下，往往被簡化成為科學爭議——容許進口或國內生產牛

肉中殘留瘦肉精萊克多巴胺含量：因此瘦肉精在美國牛身上檢測出來，形成2011-2012年持續對美牛是否開放瘦肉精標準的貿易爭論。下表為事件發展重要經過。

1995
- 臺灣政府公告，禁用瘦肉精（萊克多巴胺）添加於動物飼料物。

2007
- 「臺美貿易暨投資架構協定（TIFA）」次長級會議因美國帶骨牛肉無法進口問題造成會議即停滯不前，美牛貿易與臺美政治掛勾。

2010
- 我國開放美國帶骨牛肉進口，重啟TIFA。
- 立法院通過《食管法》禁止美國牛內臟、絞肉進口，TIFA再度延宕。

2011
- 衛生署查驗出大賣場數批美國去骨牛肉含1-3培林（ppb）不等的瘦肉精，美牛瘦肉精檢出如滾雪球般（1-2月）。
- 衛生署宣布，美加進口牛肉檢驗率由5%提高為20%，除非廠商自願附檢驗報告，才考慮恢復為5%（2月）。

2012
- 馬英九總統接見「美國在台協會（AIT）」主席薄瑞光，表示美牛事件會有新作法。
- 政府研擬採「牛、豬切割處理」，只談牛肉不談豬肉，並訂出瘦肉精殘留容許量，以標註含瘦肉精及警語的作法，讓民眾參考決定是否購買食用。
- 朝野立委討論瘦肉精管控的「《食品衛生管理法》第11條」修正草案，反對瘦肉精為各黨共識。
- 美國農業部經證實出現第四例本土狂牛症（加州一頭乳牛）消息。
- 我國依照「國際食品法典委員會（CAC，簡稱Codex）」大會，修法制定牛肉的瘦肉精殘留容許量為10ppb，訂定進口牛肉的萊克多巴胺MRL，開放美國牛肉進口（2012.07.05）。
- 馬英九總統承諾，在進口之後，只要出現一例中毒案件，將會立即停止所有美國牛肉進口。

2014
- 衛福部食藥署宣布，開放30個月齡以下加拿大帶骨牛肉，加拿大牛肉風險等同美牛風險。

圖1　我國進口美牛事件發展
資料來源：作者自製

貳、爭議點

2011 年 1 月衛生署派員至大賣場查驗肉品,抽驗市售 24 件肉品,其中 11 件美國牛肉意外發現有 3 件含瘦肉精。三批疑似含有瘦肉精的牛肉,追查來源皆是沒有帶骨的美國牛肉。臺北市大賣場查出這 3 件含有微量瘦肉精的美國牛肉,其含量在 1-2ppb 之間。該肉品馬上下架,但食品藥物管理局主管指出「部分問題牛肉應該已被吃下肚了,但不會有立即的危害!」時隔一個月,美牛瘦肉精被檢測出來的數量如滾雪球般。2011 年 2 月衛生署又查到兩批美國牛肉含瘦肉精。之後兩個月內又有十多批含瘦肉精美國肉品闖關來臺,均驗出含 1.3 ppb 的培林(即瘦肉精)至 2.65 ppb,都在海關就被扣下。而驗出瘦肉精含量最高的美國肉品是一批重 2 千多公斤的美國牛筋在海關報驗,驗出含 6.21 ppb 瘦肉精。

根據國外牛肉商品進口的數量統計,自從 2009 年進口帶骨牛肉以來,臺灣從美國進口 1,125 公噸帶骨牛肉、3 萬多公噸的去骨牛肉,占市占率為進口牛肉的七成,成為進口牛肉的最大宗。由於從 2007 年以來,對美國牛的爭論皆著重在狂牛症問題的檢疫,但 2011 年美牛檢驗出瘦肉精後,美牛進口爭議的焦點就轉向在瘦肉精含量的科學爭議上,到底含量多少算是風險。

瘦肉精在臨床科學研究顯示食用量過多將會造成中毒,會產生噁心、肌肉顫抖、血壓上升、心悸、乏力及頭暈等症狀。比照各國對瘦

肉精的允許標準，美國、加拿大和日本等國規定，允許牛肉和豬肉殘留少許瘦肉精，但澳洲和臺灣都規定不得檢出。

瘦肉精可以減少畜牧業的飼料使用與降低成本，若開放使用瘦肉精，臺灣畜牧業對於瘦肉精需求量可達 40 億元。美方對於臺灣瘦肉精的開放，自扁政府、馬政府以來都一直給予臺灣政府很大的壓力；而對於臺灣禁止含有瘦肉精殘留的肉類進口，則是一種對國內本土畜產業者有效的貿易保護措施，但若查驗無法確實執行，則無法有效杜絕含有瘦肉精的肉類入境。最早在 2007 年便發現多起進口肉品殘留瘦肉精，當時進口商表示，世界上有二十多國皆允許使用，因此衛生署曾經考慮放寬進口豬肉瘦肉精殘留標準。此舉引發國內畜牧業者抗議，而未有進一步的修法程序。

我國馬政府自 2009 年設下「三管五卡」的嚴格檢驗過程，以保障民眾食用健康。所謂「三管五卡」的把關，「三管」，指的是要管源頭、管邊境、管市場；「五卡」，則指的是要透過核對證明、確實標示、開箱檢查、抽樣檢驗、查明資訊等五道關卡，來確保食用安全。儘管衛生單位有這樣的宣誓，事發後食品藥物管理局主管卻表示仍不清楚有哪些進口商？不曉得問題美牛數量有多少？已有多少瘦肉精美牛被吃下肚？全然沒有答案。顯示這些包括進口商的申請資料、海關抽驗、賣場上架等相關資料，其檢測的實質性以及仔細程度遭受到質疑。

因此，2011 年瘦肉精如滾雪球般地在美國牛身上檢測出來，形成 2011-2012 年持續對美牛是否開放瘦肉精標準的貿易爭論。顯示美牛除了過去狂牛症的問題之外，進一步包含瘦肉精的食品安全。每次美國牛肉對臺灣的叩關，在在引發國際貿易與政治壓力以及國人食品安全的兩端對峙。有關美牛瘦肉精爭議，主要的議題以及各造觀點如下：

議題一：不同瘦肉精類型與國內篩檢標準

◇ **贊成方：**

◇ 主要代表對象：美國政府

◇ 論點：

1. 主張允許瘦肉精在安全範圍內使用，認為瘦肉精可以隨人體排出，且必須累積到很大的量才造成傷害。

2. 與其全面禁用，導致地下化，倒不如訂出標準，引導業者有規可循。以國內早先爆發的使用瘦肉精事件為例，無疑便造成「政府嚴禁，民間照用」的窘狀。

3. 回歸科學面看，看科學能否「讓證據說話」。

◇ **反對方：**

◇ 主要代表對象：劉培柏（前臺灣省家畜衛生試驗所所長）

◇ 論點：

1. 國內政府相關單位，面對日新月異的瘦肉精產品，檢驗技術要加油，否則遺漏某些「新型」瘦肉精的檢出，國人吃的健康還是存在風險。

2. 臺灣本土不肖藥商販售禁藥瘦肉精「可爾特羅」、瘦肉精「沙丁胺醇」，早已被檢警查獲添加在養豬場飼料中。這兩種瘦肉精對人體的毒性比「萊克多巴胺」強百倍以上，國內這些查獲的瘦肉精藥物，至少可配製成 30 萬噸的飼料。2010 年以來中部地區檢警查獲的瘦肉精應來自對岸，其中「可爾特羅」等新型態的瘦肉精，因不易被目前檢驗技術檢測出，特別火

紅，有暴利可圖。

3. 目前國內可能被濫用的瘦肉精藥物多達二十餘種，大部分是人用氣喘用藥物。很多只能以實驗室精密儀器作檢驗，技術繁瑣費時，且未被列入農委會的例行檢驗項目。許多是農委會「快速檢驗試劑」無法檢測出的種類。

議題二：Codex 會議對瘦肉精管制影響

◇ **贊成方：**

◇ 主要代表對象：美國貿易代表署及農業部

◇ 論點：

1. 美國表示，國際食品法典委員會（Codex Alimentarius Commission）的科學專家小組曾三度確認瘦肉精的安全性，來自非洲、亞洲、拉丁美洲及太平洋島嶼等許多 Codex 會員國，都和美國一樣，支持訂定瘦肉精殘留標準。但部分國家卻以非科學理由，連續第四年阻擋。

2. 美國表示，許多缺乏資源無法獨力進行科學評估的國家，都仰賴 Codex 訂定標準，做為訂定相關食品生產及進口規範的依據，Codex 未能基於科學訂定瘦肉精標準，剝奪了這些國家制定食品規範的重要工具。

3. 臺灣食品藥物管理局指出，國內瘦肉精解禁與否，不必全然和 Codex 掛勾，他們的決議，也不是我們唯一的參考依據。各國對動物用藥的使用，會根據經濟、危害風險及國家政策綜合考量（聯合報，2012/01/21，A12 版）。

◇ **反對方：**

◇ 主要代表對象：臺灣農委會、衛生署食品藥物管理局

◇ 論點：

1. 由於瘦肉精是農委會明文禁止使用的動物用藥，依規定不管國內生產或是國外進口的肉類食品都不得檢出瘦肉精。農委會表示，Codex 審查瘦肉精案萬一開放，政府仍會持續溝通民間接受。溝通內容包含「延長停藥期」、「標準訂得比美國低」等。

2. 衛生署食品藥物管理局主管強調，沒有收到具有科學性的實證研究報告，可研判食用含有瘦肉精的肉品，對人體健康是否有影響。衛生署不會貿然開放（聯合晚報，2011/07/07，A8版）。

議題三：美牛與政治經濟嵌和

◇ **贊成方：**

◇ 主要代表對象：美國在臺協會（AIT）臺北辦事處長司徒文、臺灣經濟部經貿談判代表、中華經濟研究院

◇ 論點：

1. 美牛這塊絆腳石如果不移開，臺灣無論對美國貿易，或與其他國家簽訂 FTA 都會受影響；美方很難在問題解決前，與臺灣重啟 TIFA 談判（聯合報，2012/03/10，A2 版）。

2. 經濟部經貿談判代表、辦公室副總談判代表在立法院衛環委員會的美牛公聽會強調，開放瘦肉精美牛進口，當然和 TIFA

復談有關。中華經濟研究院研究員劉大年更直言，美牛事件不能再拖，因為延宕的不只 TIFA，還有 FTA、TPP（泛太平洋經濟夥伴戰略協議），跟其他國家雙邊協定也會受影響，影響的是臺灣的全球佈局（聯合晚報，2012/03/21，A2 版）。

✧ **反對方：**

✧ 主要代表對象：行政院跨部會技術諮詢小組專家會議（2012）

✧ 論點：

1. 從食品安全層次來看，專家會議雖尚無結論，可確認含瘦肉精萊克多巴胺的肉品，在有效控管的前提下，可以做到「低風險」，但非「零風險」。如要開放美牛，就必須說服人民接受「低風險」，而且政府可以真正做到有效控管。

2. 從國家利益角度，臺美關係的維繫及向前推進攸關臺灣重大利益，這涉及到政府和美國的折衝能力。馬政府應和美國強力斡旋，爭取美國對臺灣更具體的承諾，不只是恢復 TIFA 協商機制，而且有更具體的協商議題，例如臺美投資協定、臺美 FTA、臺灣加入 TPP 等議題。否則，若臺灣開放美牛，將來美國因政治因素而拖延實質議題協商，臺灣在實質利益上一無所獲，馬政府又將如何對國人交代？南韓過去對進口美牛抗爭最為激烈，但總統李明博以達成美韓 FTA 為交換籌碼，有效降低國內阻力。

3. 從產業層次來看，肉品使用瘦肉精很難劃分牛肉或豬肉，開放美牛的後續效應必然會衝擊國內畜牧業，尤其是養豬業。如果開放，就須有補償或協助國內畜牧業的配套作為（經濟日報，2012.03.05，A2 版）。

議題四：劑量解讀

❖ **贊成方：**

❖ 主要代表對象：Codex 前主席、美國食品藥物管理局及農業部前資深官員 Karen Hulebak

❖ 論點：

1. 動物用藥萊克多巴胺，至少四次被提到食品法典委員會國際法典會議，先前三次會議，萊劑藥物安全性已為多數國家確認。

2. 歐盟國家防堵萊克多巴胺理由，主要為歐盟禁止動物使用任何成長激素。

3. 中國大陸無法確認瘦肉精萊克多巴胺在肺臟殘留量，才在食品法典委員會反對萊克多巴胺殘留肉品（聯合報，2012/03/10，A2 版）。但中國大陸為了民眾能有充足食物可吃，已越能接受 Codex 的新評估（聯合報，2012/04/30，A12 版）

❖ **反對方：**

❖ 主要代表對象：長庚醫院臨床毒物科主任林杰樑、臺大獸醫專業學院院長周晉澄

❖ 論點：

1. 林杰樑主任指出，萊克多巴胺在豬的大腸與胃中累積量是肌肉的 10 倍、腎臟則是 10 至 50 倍、肺部則高達 30 倍，以臺灣人愛吃內臟的生活習慣來看，「只要吃下 180 克的肺臟，一個 60 公斤的成人馬上就會超過每日允許攝取量（ADI）。加上臺灣許多腎臟與肝病患者，食用過多累積了萊克多巴胺的內

臟，恐會增加風險。而這些都還未把心血管疾病患者與肝、腎病患者交叉重疊後的風險進行計算。

2. 周晉澄院長表示，根據美國食品和藥物管理局（FDA）網站上的「藥物不良反應通報」系統中，曾經出現牛隻因為食用添加萊克多巴胺的飼料，死亡率較未食用的牛隻高出 3.13 倍（台灣立報，2012/03/04）。

議題五：第四例狂牛症政府治理論調與批判

◇　**贊成方：**

◇　論點：

1. 馬政府 2009 年針對美國狂牛設下了「三管五卡」的重重防線，三管五卡是針對美國狂牛而設，守狂牛，就漏了瘦肉精；專攻美牛，就讓紐、澳及國內防線唱空城。

2.「五卡」中既訂出了針對「38 項動物用藥、重金屬及大腸桿菌」的檢驗項目，讓含瘦肉精的美牛流入市面，就是行政把關不力。

3. 政府承諾「逐批檢驗」，但未同步考量海關及檢驗機構的人力與設備能量，導致「逐批檢驗」最後被稀釋成不到一成的「抽樣檢驗」，中央有推動執行的責任（聯合報，2012/03/15，A2 版）。

◇　**反對方：**

◇　論點：

1. 政府沒有對狂牛症治理的標準作業程序，在發生案例後啟動

把關機制，詳加瞭解案情以作評估。反而在第一時間，衛生署迅速宣布，該案例是非典型零星散發個案，喝牛乳不會感染，不禁止美牛進口。此種挺身「捍衛美牛」的宣告，如同我國政府在替美國的衛生署背書，失去主體性。

2. 還未能定案的瘦肉精事件，農委會用盡最大力氣做的一件事就是保證萊克多巴胺的安全。然而，衛生署與農委會各有各的基本職責，儘管政府承受美方的壓力，但若過度「積極」替美牛的安全來背書，反倒使得政府的「以國人健康為首要考量」之宣示失去公信力。

3. 民間自力救濟，消費者團體發起抵制運動，店家貼上「使用紐澳牛肉」標示自清，政府不但未借力使力、增加對美談判籌碼，反而扮演起捍衛美牛急先鋒的角色（聯合晚報，2012/04/27，A2 版）。

議題六：非典型狂牛症

◇ **贊成方：**

◇ 主要代表對象：國內跨部會行政部門

◇ 論點：

1. 美國農業部公布該國出現第四例狂牛症病例，衛生署長邱文達2012 年4 月25 日傍晚宣布，暫時不會禁止美國牛肉及相關製品報驗進口，但會持續加強從境外源頭、邊境到市場的「三管五卡」措施。

2. 邱文達指出，根據美國提供初步報告顯示，在美國加州驗出有狂牛症（BSE）病例的是一隻乳牛（非供食用的肉牛），

未進入肉品供應鏈，而且確認為非典型的零星散發案例，經我方綜合研判後，目前不必禁止美國牛肉進口（聯合晚報，2012/04/26，A4 版）。

✧　**反對方：**

✧　論點：

1. 自從 2003 年日本與義大利首先在大規模篩檢裡，發現了與傳統狂牛症臨床表現、致病的普利昂蛋白不一樣的新款狂牛症後，陸續在其他曾爆發狂牛症的國家，都發現了類似病例。

2. 這類個案與先前因飼料而群聚傳染的狂牛症不一樣，病牛通常年紀較大，而且症狀不明顯，大多在常規篩檢裡零星發現。因為這類個案都出現在曾為狂牛症疫區的國家，總在傳統狂牛症平息以後，再掀波瀾。學界認為，非典型狂牛症實際上老早存在，只因為發生率極低（百萬分之一以下），未被注意。

3. 只要大規模篩檢，即使在非狂牛症疫區，也可能發現非典型狂牛症，兩種狂牛症不能等量齊觀（班嘉明，中國時報，2012/04/28）。

議題七：感染者論述

✧　**反對方：**

✧　主要代表對象：臺南市蔡光隆（妻子罹患庫賈氏症）

✧　論點：

1. 政府一味把患者都歸類為散發型，與狂牛無關，是不負責任

的作法。政府有責任為民眾的健康把關,如肉品有可能致病,就不該進口,不能「試看看」,或把病因推給「基因突變」。

2. 庫賈氏症有兩種,散發型來自基因突變、遺傳;新型則與食用狂牛症肉品有關,兩者的症狀區分並不明顯,只能靠病理切片斷定。由於大家對這種疾病所知不多,往往擔心傳染,相當恐懼,家屬大多都低調,患者過世根本不可能接受切片檢查,醫院及衛生單位也都沒有追蹤,「憑什麼認定都是散發型?」。

3. 新型庫賈氏症潛伏期長達十年以上,其中很可能有人當初就是吃了問題牛肉,但死無對證(聯合報,2012/05/14,B1版)。

參、影響性與嚴重度

在新自由主義全球化經貿的網路下,美牛個案是與本土產業以及人民健康拉踞,多重理性考量的高爭議性風險議題,更是關乎經濟價值與人民生命安全價值間權衡的問題。連結於全球化經貿網路,可以為臺灣帶來後續各樣的經濟、政治與策略的互惠影響;但是也可能因此將難以控制的跨領域風險(狂牛症、瘦肉精)引進國內,同時對於臺灣原有的農畜牧產業帶來全球化的衝擊。

一、對農畜牧業的影響

包括臺灣農村陣線、養豬業者等民間團體,與若干學者都表示,

瘦肉精一旦解禁，不只是牛肉，
其他含有瘦肉精的肉類，甚至含
有瘦肉精的飼料，也有可能開放
進口，在 WTO 的架構之下，任
何會員國都能以相同條件要求臺
灣給予最惠國待遇。由於使用瘦
肉精可以大幅降低生產成本，這
些大量在國外使用瘦肉精又享有

高額補貼的肉類大舉進入臺灣市場，將大幅衝擊遵照法令沒有添加瘦
肉精的臺灣畜牧業，可能導致本土產業全面崩解的困境。

　　農委會前主委林享能也指出，全世界只有23 個國家和地區使用
瘦肉精，主要為肉品生產輸出國，大多數國家禁用。例如，歐盟禁用
的緣故，美國只好生產不餵含有瘦肉精飼料的豬肉外銷歐盟，這樣
的模式已行之多年。日本雖訂有可接受的殘留量，但國內禁止使用。
如迫於國家重大利益要妥協，則內禁不要鬆綁，否則畜產品產業會
潰敗。

　　農畜牧業等民間代表也擔憂政府為了加入 WTO 與其他國際組
織，不斷在農牧產品進口上讓步。包括美國、歐盟，甚至日韓等國對
國內農業都有高額補貼，例如：美國在其農業補貼政策下，已經成為
世界上第一大農產品出口國，具有壓倒性的價格競爭優勢，而臺灣卻
不斷削減農業開支，在政府沒有配套扶持本土業者的前提下，本土農
牧業者將成為犧牲品，而國內的糧食自給不足的風險也會越形嚴峻，
未來難以因應氣候變遷的挑戰。

二、對臺美關係的影響

　　行政院新聞局則指出,美牛瘦肉精不解禁,將對於我國在擴大區域整合的參與和佈局造成嚴重影響。行政院強調,美國為我國第三大貿易夥伴、第一大外人投資及技術來源國,雙邊經貿關係原即緊密重要,同時美國也是我國重要之「安全及經濟夥伴」,對區域戰略佈局有重要的夥伴地位。在我國經濟規模有限、幅員狹小的天然環境限制下,絕對不能在亞太地區興起的新貿易架構中(例如 TIFA 復談、FTA、TPP)缺席,行政院認為臺灣若不朝此貿易自由化的腳步前進,將造成國家競爭力嚴重挑戰。臺灣若能順利與美國及其他國家簽署《自由貿易協定》,才能保障出口,提高國民所得,事關國家與國民的利益。

　　此外,也有國際關係學者認為美牛政策走向將對國際貿易導向的臺灣造成重大影響,不讓美國牛肉進口,就不會有 TIFA,而沒有 TIFA 就不會有臺美《自由貿易協定》,沒有臺美《自由貿易協定》,臺灣對美國出口就無法應付韓國和新加坡等國的免關稅競爭。除了影響出口和經濟表現,還會讓臺灣經濟鎖進中國大陸。

三、對於國人健康風險的影響

　　有關含有瘦肉精的牛肉進口對於國人健康風險的影響,則是爭議性最高的議題。各方說法與引用數據不一。有一批人要求對方拿出證據,只要研究報告能夠證明食用瘦肉精肉品,不會危及人體健康,那就同意解禁瘦肉精。另一方則是認為美國幾億人口長期食用牛肉,也沒有發現食用含有微量瘦肉精肉品而出問題的個案,要求反方陣營拿出證據,證明長期食用瘦肉精有害人體。

　　行政院跨部會技術諮詢小組專家會議結論，指出現有文獻「沒有查到消費者食用中毒的個案報告」、「沒有科學證據證明食用飼料添加萊克多巴胺後的肉品對人體有害」。行政院並強調，根據相關食品藥物管理局直接用萊克多巴胺進行人體實驗的結論，除非民眾一天內食用超過符合萊克多巴胺殘留安全標準的 500 公斤牛肉，才可能危害人體，由此來看，萊克多巴胺是相當安全。而萊克多巴胺是飼料添加物，自然應該看動物實驗結果及在動物體內的代謝率、上市前的停留期等數據，以人體實驗樣本不足去要求訂定動物用飼料添加物的標準並不合理。衛生署長邱文達也強調，從醫學文獻及臨床報告「找不到一個瘦肉精導致的病例」，所以無法不同意含瘦肉精的美牛進口。

　　政府因此宣誓「有條件解禁」原則，主張「安全容許、牛豬分離、強制標示、排除內臟」四項原則。在此原則下，對含瘦肉精的牛肉「有條件解禁」，所謂「有條件解禁」並不包括豬肉，也不包含萊克多巴胺以外的瘦肉精。

　　不過臺大公衛學院教授吳焜裕則指出，狂牛症在美國牛隻的盛行率仍低，且可藉由不食用帶骨牛肉、內臟等部位，降低罹病風險。但瘦肉精長期累積體內，則可能誘發心血管疾病，兩者健康風險不同。政府決策開放時，應儘速評估瘦肉精殘留的安全劑量，限定毒性較低的瘦肉精種類，才能替民眾食品安全把關。同時民眾是在非自願情況下吃，且尚不知長期累積瘦肉精，對人體或新生兒、孕產婦的風險有多大。包括中央研究院副院長陳建仁、臺大公衛學院副院長詹長權都認為瘦肉精對人體健康的危害，到目前為止，都沒有很完整的科學證據來加以證實或否認。他建議政府，應蒐集更多瘦肉精對人體危害的證據後，再做決定。

　　而臺灣農村陣線、養豬業者等民間團體則強調，健康是至關重要的國民基本權利，政府有捍衛之義務，本應謹慎再謹慎；在瘦肉精

對人體健康的疑慮未消前，不應貿然解禁，使國民健康陷入不可測的風險。在有具國際公信力的學術單位證明瘦肉精對人體健康完全無害前，應全面禁用。

肆、評述

　　食的需求是每個人每日生活切身相關的事情，現代社會沒有人能逃避食品風險分配與風險社會民主問題。食品安全風險隨著全球複雜的生產與污染的擴散成為威脅人們健康的重要風險源。近代食品工業可以說是食品加工業的發展，全球食品生產方式、國際食品貿易、食品科技高度發展與普遍應用、大眾對健康保護的期許提高、人類行為與生態的改變、農業型態與氣候改變，更為複雜的危害偵測與管理使得全球化食品風險治理成為當代主要的風險議題。

　　2005 年至 2010 年多次發生的美國進口牛肉的狂牛症風險爭議、2006 年至 2012 年幾次進口美國牛肉瘦肉精安全問題。儘管爭議的原因不同，這些問題都同樣具有高度複雜與科學不確定性，以致於臺灣和世界各國一樣面臨了嚴重的風險治理問題。當代科技高度發展造成人類社會繼工業革命後再次的本質改變，其中一個重要改變即是過去人類生產與分配財富的邏輯與主題，逐漸變為 20 世紀第二現代──風險生產與分配成為首要課題。

　　過去研究發現，臺灣社會的風險溝通與評估對於技術官僚與科學專家，在某個程度上仍然停

留於傳統狹隘的科學主義與專家政治的操作模式。在這個情況下往往在實踐面上產生了決策封閉性、延遲或隱匿相關風險資訊，使得整個風險爭議與事件的處理陷入不透明的狀況。同時，導致社會高度的焦慮恐慌，並嚴重削弱公眾對於技術官僚或國家風險治理能耐的信任。臺灣整體社會所呈現出的隱匿風險、遲滯風險管理的現象與結構，逐漸演變成一個制度性的毀壞公眾信任問題。

2005 年、2009 年、2012 年三次美牛叩關與政府治理大大亂了方寸，其中隱含臺灣需要在霸權的經貿壓力下交換人民健康，不禁令人疑問，難道這就是臺灣政府面對全球食品安全與強權壓力交織下的治理核心價值與制度？臺灣國家與社會是否可以在這些一次又一次的重大爭議中，深切的反省與建構永續的治理與發展價值？筆者認為，有幾個重要的思考點需要社會各界共同努力，其包括本案所涉及的政府治理、霸權政治、社會民主與科技民主等面向。

事實上，美國境內食品安全因業者大量遊說而管制鬆綁，根據美國疾病控制和預防中心 2010 年資料顯示，每年有 4 千 8 百萬人因食品衛生問題致病，平均 6 人有 1 人致病，超過 12 萬 8 千人需要住院治療，而死亡人數 3 千人，造成每年超過數百億美元的負擔。換句話說，美國霸權施展的壓力將境內食品安全擴散為全球風險，無論是基因改造產品、荷爾蒙牛肉到瘦肉精牛肉，都在無明顯危害人體健康證據下以 WTO 之原則為武器，揮軍各國。臺灣在此全球食品風險架構下，並非面對單純的科學問題、亦不是單純的國內問題。

美牛健康安全風險主要分成狂牛症與萊克多巴胺（瘦肉精）兩大來源。在狂牛症方面，進口美國牛肉國內牛肉消費者平均每天吃帶有 prion（PrPRes）牛組織的機率為 9.95×10^{-11}；食用帶骨牛肉平均終身風險為 2.72×10^{-11}；食用不帶骨牛肉平均終身風險為 7.18×10^{-12}；食用牛內臟平均終身風險為 1.50×10^{-10}；而吃到美國進口帶有 prion

（PrPRes）絞肉的機率為 5.18×10^{-9}；食用美國進口絞肉之平均終身風險為 5.77×10^{-10}。

有些專家和官方宣稱上述風險評估即是「可接受的風險」，但另外國人肉品的加工處理和烹調方式的因素（臺灣食用牛內臟、牛雜、牛舌等），以及國人基因的特殊性（狂牛症的病患，體內都有編號 129 的基因，其中，美國人中約有 40-50% 的人有此種基因，日本、韓國有 94% 的人有，臺灣人則是有高達 98% 的人有），臺灣人其實是新庫賈氏症最高風險族群。

基因的特殊性屬於遺傳工程學的研究結果，而加工、烹調方式、食用偏好則是社會習慣、文化因素，這些因素會讓風險高低有極大的差異。但臺灣卻在美方經貿壓力下，積極忽視美國牛肉狂牛症風險，推動進口。

另外，美國政府核准萊克多巴胺添加於牛飼料，其慢性毒性無法立即證明危害健康。而聯合國國際食品法典委員會 Codex 於 2012 年 7 月 5 日通過瘦肉精萊克多巴胺的殘留容許量，牛、豬的肌肉及脂肪為 10 ppb、肝臟 40 ppb、腎臟 90 ppb，其他家禽類並無訂定。但在 Codex 容許值通過之前，美國政府已經持續對東亞國家以各種政治與經濟手段施壓，企圖打開市場，希望在國際規範尚未形成之前，以非科學手段推動萊克多巴胺美牛的出口市場。雖然聯合國因科學安全未明而至今未達成容受量標準，美國政府仍然在東亞施用外交壓力，企圖以不科學、未有國際規範準則的手段要求各國打開市場。美國擴張農業生產，並透過出口減緩國內的矛盾，強迫我們進行產業的結構調整。我們必須說，此種霸權做法是不道德，不符合當代文明的典範。但臺灣同樣在美方經貿壓力下，被迫開放牛肉市場。美國透過貿易強迫臺灣施行「離農離牧」政策，影響臺灣農業發展甚鉅。

　　這些美牛進口爭議除了政府操弄專家委員會，臺灣社會再度陷入經濟發展（簽訂《自由貿易協定》）與永續健康對立的假象與迷思。傳統從上到下的決策模式，怕會引來更多反彈。農業不是純然市場經濟的產業，而也具備社會性的功能，與公共價值，犧牲農業全力幫助工業發展的時代已經過去了，我們再也無法藉開放農產貿易得到工業快速發展。

　　目前全球的政府治理，都要回到「風險溝通」，也就是公民審議。透過程序，讓民眾來做決策。2014 年衛福部宣布加拿大牛肉進口、未來的美國豬肉的談判，都需要有更透明的風險溝通來化解民眾的疑慮與對政策的不信任感，需要告知民眾，一旦以退讓來換取美方談判，未來到底有哪些國人受利？又有誰會受害？

第 2 堂課——
2013 年大統油品事件與臺灣食品安全的風險治理

李宗義 博士後研究員
國立臺灣大學社會科學院
風險社會與政策研究中心

壹、2013年臺灣食用油造假事件

一、事件發展

2013年10月16日彰化檢方與縣衛生局經過多個月的追查之後，證實大統長基公司（以下簡稱大統）所生產的橄欖油、花生油等八大類油品等，以低價沙拉油、棉籽油混充，加上香精調味和銅葉綠素（copper chlorophyll）調色。其中「大統長基特級橄欖油」，標榜西班牙進口特級冷壓，強調100%特級橄欖油，但是實際檢驗之後，橄欖油含量卻遠不到50%。此外，大統長基也用劣質棉籽油混充高價油販售，衛生福利部食品藥物管理署統計，一年多來，臺灣進口的棉籽油，大統就占四成，另六成流向食品廠。

2013年10月21日衛福部指出7,619噸進口粗製棉籽油約六成流向富味鄉，衛生單位緊急稽查富味鄉總公司和工廠，由於富味鄉為統一超商、桂冠和西北食品等多個大廠代工，因此大眾懷疑富味鄉把棉籽油混入內銷油品。

2013年10月25日，大統案起訴，彰化地檢署以十天的時間迅速偵結。大統公司董事長高振利等3人，依違反《食品衛生管理法》及涉及《刑法》詐欺取財等罪嫌起訴，另外，大統公司也同被起訴，其裁罰為行政罰金。隔天衛生福利部建議彰化縣、新北市政府分別對大統長基與富味鄉公司開出18.5億元、4.6億元的行政裁處罰單，追討其不法所得，創下違法食品被追討不法所得首例，也締造食品業遭裁罰金額史上第一高、第二高紀錄。

2013年10月31日，彰化地檢署將富味鄉董事長陳文南、技術總監陳瑞禮兄弟和4名員工共6人，依詐欺罪及違反《食品衛生管理法》摻偽造假罪起訴，並建請沒收不法所得3億多元。

然而，食用油造假的新聞熱度並未隨著起訴而暫歇，正當食品業龍頭頂新集團表明「食品是良心事業」的說詞之後不久。2013 年 11 月 2 日，曾向衛福部簽下切結書的福懋油脂，遭臺中衛生局及檢警查出，在 6 款號稱是純進口橄欖油中摻混廉價的芥花油，其中兩款還添加大統的問題油品。

　　檢方的深入調查也發現，大統也將含有銅葉綠素的混橄欖油賣給頂新，使得假油風暴越滾越大，原本認為是個案的惡劣行徑，但隨著廠商一一露餡，一個龐大的共犯結構儼然成形。

　　2013 年 11 月 3 日，頂新旗下的味全公司所生產的 21 項調合油，被驗出混摻大統長基公司含銅葉綠素的橄欖油、葡萄籽油。而且頂新除向大統長基買油，還進口棉籽，遭質疑其油品恐摻棉籽油。

　　然而，因為食品藥物管理署每天僅能檢驗約 20 件，檢驗結果出爐緩慢，因此 2013 年 11 月 13 日又再爆出泰山、福壽兩大廠的油品也含有銅葉綠素。自此，大品牌油品相繼淪陷，總計大統長基回收油品 91 項、富味鄉回收油品 25 項、頂新回收油品 21 項、福懋回收油品 6 項，其他還有泰山、福懋也都有造假油品列入回收，總重量超過 1 萬公噸，市值高達上百億元。

二、爭議點

　　2013 年的假油牽涉眾多，影響之大堪稱臺灣近年來規模最大的食品安全事件之一，加上大統長基為臺灣老字號的食用油公司，事件爆發之後幾乎所有食品大廠都牽連其中或受到波及，引起臺灣社會的恐慌與不安，而一連串的食安事件，也讓民眾更加關切這些每天進入口中的食品，是否真如廠商所說的「安全無虞」。

　　油是人日常生活不可或缺的一部分，不論是家庭的料理或是市面的餐飲，每一道料理幾乎都無法少掉油品這道料理工序。然而，隨著民眾健康意識與消費型態的改變，傳統以豬油加工的料理，逐漸由相對高價的植物油取代。油的製程相當複雜，除了從原料、產地產生粗淺的認識之外，一般民眾根本無法區分各種油品的優劣，例如什麼是「調和油」？而所謂的100%又是真如標示上的純？這些牽涉到專家知識的食品問題，民眾往往是抱持信任廠商良心與政府把關的態度，將食品的安全交給政府，再由政府提供具公信力的認證。然而，油品製造的複雜性，提供了廠商操作的空間，而龐大的利潤也給了廠商造假的動機。此次假油事件，最主要的問題出在業者以低價的棉仔油混充或者是將銅葉綠素添加在油品之中，然後以標示不實的方式，冒充高價油品販售圖謀暴利。這中間主要是牽涉到標示不符的問題，至於民眾更為關切的食品與健康，從專家的說法來看油品的安全，棉仔油只要不含棉酚，而銅葉綠素只要不過量，基本上對於人體的安全不會造成傷害。[1]

　　然而假油事件，再度凸顯食品背後的專家知識、食品政治與消費者權益問題。我們所吃的東西，從原料、產地到製程是否完全透明？臺灣現行法律對於食品添加物的規定是否夠清楚？食品添加物的上限、添加範圍、本身安全性、對健康的傷害是否有一

1　葉金川，2014，〈處理食安危機　不必誇大、炒作〉。聯合新聞網，http://mag. udn.com/mag/life/storypage.jsp?f_ART_ID=485350，連結日期：2014 年 9 月 10 日。

定的判準？食品安全的認證制度是否形同虛設？還有消費者權益面對廠商的蓄意詐欺時如何獲得保障的問題，以下我們就具體呈現事件當中的幾個爭議點。

爭議點一：食品添加物的安全問題：專家知識與民眾感知

　　食品添加物是一個複雜又敏感的問題，有時候甚至會涉及廠商所謂的「秘方」，因此造成相關法規與稽查人員在稽核上的困難。食品添加物怎麼加？加多少？加在什麼食品上？是一門專家與國家權力所掌握並決定的知識，然而由於相關規定所留下的灰色空間，加上臺灣政府負責稽查、檢驗的單位人力有限，因此政府並無法針對所有的食品進行百分之一百的檢核，有時候只能要求廠商依靠自己的「良心」，秉持企業的責任，不從事黑心食品的製造與販售。

　　此次假油事件相較於 2011 年的塑化劑，在食品安全上所引發的爭議沒那麼大，不論是添加的銅葉綠素，或是低價的棉籽油，對於身體的傷害都缺乏直接的科學證據。根據專家說法，所謂的銅葉綠素是指在萃取葉綠素的過程中，添加銅離子以增加葉綠素的安定性，因此銅葉綠素屬於「化學修飾之天然色素」，食用只要不超過每日允許攝取量（acceptable daily intake, ADI），加上銅葉綠素能被消化道吸收的量很少，而此次大統油驗出的銅葉綠素遠低於 ADI，看起來並沒有中毒的疑慮，而這也是事件發生之後，大多數專家的主流看法。[2] 然而，銅葉綠素在臺灣相關規定所使用的範圍相當有限，根據《食品添加物使用範圍及限量暨規格標準》，銅葉綠素可以使用在以下的範圍：

2　宋文杰、孫寶年，2013，〈別拿銅葉綠素亂嚇人〉。中時電子報，http://www.chinatimes.com/newspapers/20131119000536-260109，連結日期：2014 年 9 月 18 日。

- 口香糖及泡泡糖；用量以 Cu 計為 0.04g/kg 以下。

- 膠囊狀、錠狀食品；用量為 Cu 0.5 g/kg 以下。

　　政府做此規定的原因，就是擔心銅葉綠素流入臺灣民眾所使用的主食之中，加上國人吃的油量比較大，長期累積將影響國人的身體健康。所以，從具體的資料來看，銅葉綠素雖然不會對人體產生傷害，但只要把銅葉綠素添加在範圍之外的食品，就是屬於非法的行為，所以廠商除了標示不實所涉及的詐欺事件之外，也違反了《食品衛生管理法》的相關規定。

　　另一個以棉籽調合油冒充高價油的爭議也在事件爆發之後，由專家出面說明該油對於人體的傷害同樣有限。專家提到粗棉籽油中含有的棉籽酚（gossypol）確實是毒性物質，但未精煉的棉籽油異味撲鼻，根本沒辦法賣。由於食用棉籽油必須精煉，而精煉的過程中，有害棉酚就會被排除，因此國際上普遍認為，「棉籽油」只要經過精煉，跟其他植物油品一樣，同樣是可以使用的，[3] 甚至有學者認為棉籽油因為價格太低，遭民眾誤解。[4]

　　然而，專家解釋讓我們重新反省臺灣近幾年發生的食安問題。臺灣的食安事件在媒體披露之後，一開始勢必引起民眾一定程度的恐慌，而等到許多專家出來說明「科學上對人體無害」降低民眾不安時，有的民眾隨著事過境遷而遺忘，但有的民眾卻是轉為憤怒，覺得民眾感知與感受在政府大拍胸脯的保證下遭到掩蓋。科學的無害並無法掩蓋民眾被欺騙的事實，民眾關心的重點在於是否有可能徹底阻絕

3　鄧昭芳，2013，〈政府做好把關，棉籽油安心吃〉。中時電子報，http://www.chinatimes.com/newspapers/20131104000473-260109，連結日期：2014 年 9 月 18 日。

4　蘇正德，2013，〈棉籽油罪在太便宜〉。自由時報電子版，http://news.ltn.com.tw/news/opinion/paper/727124，連結日期：2014 年 9 月 18 日。

廠商造假的動機與可能性，然而，政府、專家與法律所形成的知識體制與權力結構，卻似乎忘了這一點，未從頭檢視整個制度與體制所出現的漏洞，而讓類似的食安事件再度發生，一次次消磨人民對於政府的信任，也讓政府的食品認證體制遭受質疑，而這正是大統油品事件的第二個爭議點。

爭議點二：GMP 認證的公信力

大統混油事件另一個引起爭議之處在於政府過去二十五年大力推動的食品 GMP 認證，隨著幾次食安風暴之後，終於在這一次遭到徹底的質疑，原因就在於出事的大統油品不僅以調配的油，連續十年獲得 GMP 認證，就連出事前衛福部相關部門的檢驗，也都查不出有違規的事實。這樣讓外界進一步質疑所謂的食品 GMP 到底能夠達到多少把關的效果，又有多少產品像大統油一樣矇騙過關。

GMP 是良好作業規範（good manufacturing practice）的意思，特別注重產品在製造過程中的品質及衛生安全的「自主性」管理制度。食品 GMP 著重「4M」管理，經由人員（man）、原料（material）、設備（machine）及方法（method）四個方面，確保產品的衛生、安全與品質。通過食品 GMP 認證的產品，由經濟部工業局核發認證的「食品 GMP 微笑標誌」，代表「安全」、「衛生」、「品質」、「純正」與「誠實」。2013 年 10 月事件爆發之時，全國從飲料、油脂、醬油到冷凍食品、水產加工品等，已有 460 餘家廠商，涵蓋 27 項食品業別所生產的 3,000 多項產品取得認證標章。

然而，由於食品有一定的保存期限，製程也不斷在更新，因此食品 GMP 的認證每年都要進行，並且根據 GMP 認證的等級（普級、良級、優級）針對已經獲得 GMP 的產品進行後續的追蹤與考核。

然而食品 GMP 的認證主要是針對「製造過程」而非「原物料」，加上 GMP 的認定通過之後的追蹤，憑藉的是廠商提供的書面資料與樣本，所以對於食品當中最重要的原料，其實沒有過多的著墨。臺灣大學園藝系教授許輔事發時就提到，評核小組委員查核時，多由廠方帶領導覽，廠內線路又多為封閉式，無法得知管線內部原料、配方究竟有沒有造假。在現場評核之後的產品檢驗階段，委員也多半相信廠商不會造假，因此只對產品當中是否殘留有害物質進行檢驗，並未思考產品可能造假、混充問題。所以，如果要各地第一線查核人員找出問題，在人力與技術上都有待克服，因此到最後真的只能仰賴廠商的「自主性管理」。[5]

　　臺灣食品 GMP 認證自 1989 年啟動，起初是「政府推動」，後來推動逐漸轉型為「政府與民間推動階段」，也就是由經濟部工業局負責食品 GMP 的檢驗，而由民間的臺灣食品 GMP 發展協會負責推廣。經濟部工業局每年針對 GMP 的食品進行查核，但因人力的不足，實驗室裡的查證工作，只能再委託給食品安全研究、穀類食品工業技術研究所等機構進行。然而，油品的查驗在技術上非常難以克服，廠商為提升產品的價格競爭力，紛紛推出各式各樣的調合油，尋找市場上最佳的平衡點。他們希望從名稱上讓民眾感受到油品的價值，但卻又不需要承擔 100% 純油品的品質，因此價格與品質之間，往往以名稱、原料成份的標示製造混淆的效果。然而，這樣的調合油在技術上並不是很容易化驗出來，以出事的大統長基橄欖油、大豆、辣椒等油品為例，光從科學數據跟標準數據的誤差都非常的小，因此靠著只有老闆才知道的「配方」，就調配出取得國家認證的優良食品。

5　林慧貞，2013，〈食品 GMP 認證失效？大統混劣質油十年　年年拿下食品 GMP 標章〉。上下游，http://www.newsmarket.com.tw/blog/40814/，連結日期：2015 年 4 月 20 日。

當然廠商鑽漏洞的技巧，也凸顯出制度不足的一面，由於衛福部並未依照《食品衛生管理法》公布油脂標準檢驗方法，也沒有建立油品資料庫和「油品指紋系統」，以致於地方衛生單位即使發現異樣，也沒有依據可處理。最後，GMP 著重在生產線上的考察，只要生產線合格，這條生產線上的產品，都可以取得 GMP 的標章，這讓廠商有了魚目混珠的機會。

如此脆弱的認證制度，是否還具有規範的作用，又是否可以提供民眾食品安全的信心，在這次的混油事件中似乎已經慢慢形成一個社會的共識。在事件爆發的當下，草根影響力文教基金會就曾經做過一個簡單的民調，有近八成的民眾認為自己對於 GMP 已經完全失去信心，GMP 的存廢成為此次事件發生後的另一個爭議點。

爭議點三：消費者的權益保障

消費者的權益保障是食品安全過程中最被輕視的一環，後續的求償動作，往往也在法庭的審理中得不到適度的補償。以塑化劑為例，事件發生之後，消費者求償 25 億，最後只得到 120 萬的賠償判決，遠不如下游廠商對於原料廠的商譽求償。大統油品事件，消費者保護協會收集大統黑心油品全臺損害求償申請案，共有 3,776 位受害消費者委託集體訴訟，對大統長基公司與負責人高振利，提起民事賠償訴訟，要求近 3 億 4 千萬元的損害賠償，委託人與求償金，創下國內消費糾紛案新高紀錄。然而，正當民事賠償的訴訟尚在進行時，大統公司的負責人高振利在二審的判決中，由原本的 5 千萬罰款，改判為 3 千 8 百萬罰款，而彰化縣政府開出的 18.5 億罰緩，也在衛福部以「一罪不二罰」的原則，撤銷行政罰緩，這樣的判決與行政決定，讓外界有了一種「輕判」的感受。

　　前述塑化劑輕判的理由，在於衛福部與國民健康署網站都提到塑化劑對人體乃「無害」，因此不構成「精神及懲罰性賠償」，因此僅賠償民眾購買該食品的價格。[6]此次事件中，因為《食品衛生管理法》最後判得太輕，社會大眾期待透過民事的訴訟，讓廠商付出一定代價的賠償金，以此達到嚇阻廠商的效果，然而從過去的判決紀錄來看，消費者能夠獲得的賠償，將難有樂觀的期待。箇中原因，當然是此次混油已經有許多「專家」出面進行解釋，油品在食用上絕對「安全」無虞，在不涉及食品安全的情況下，法官並不會覺得有必要對消費者的心理做出補償。

　　塑化劑的案例中，法官的判決是基於一種對風險與健康的「權衡」（trade off），也就是民眾的健康，因為承擔了這項風險，具體可以獲得多少的金錢補償。一般來說，民眾普遍接受健康無價，因此只要身體受到殘害，那補償的金額高低就會得到一定程度的反映。因為，外界總認為再多的金錢也換不回健康與性命。同樣對下游廠商來說，他們失去的是具體的商譽，還有商品銷毀的損失，因此損失比較可以明白的計算。但是，正因為國家已經證實了混油不會對健康產生傷害，法官進行相關判決時，自然無法從健康的傷害著手。

　　但是對於消費者來說，根本就無法具體算出自己在精神上的損失，因此在法院判決的背後，完全忽視民眾對於制度長期的信任感，已經因為個別事件而逐漸流失，民眾的消費將陷入一種不安、隨時可能引爆的風險之中，不僅如此，即便將來又有了另外一次食安，消費者也很難從《消費者保護法》對自己的損失進行訴求，因為只要廠商製造統稱的「黑心食品」時，能夠確保產品不會對人體產生危害，那即便已經知道甚至是故意違法，消費者能夠透過法律對不肖業者制裁

6　張瀞文，2013，〈塑化劑輕判，揭開消保法無用真相〉。《商業週刊》1353，http://www.businessweekly.com.tw/KWebArticle.aspx?id=52179。

的成效，也是相當有限。因此法律上，針對消費上的「安全」與「安心」到底能否放到同一個天秤進行衡量？多少錢的懲罰才能在制度上阻止廠商的再犯？而多少實質性的金錢賠償，才能重建民眾對於制度的信心？我們認為這是觀察油品事件的發展後續，另一個值得討論的爭議點。

貳、評述

　　大統油品事件讓前述三項爭議進一步浮出檯面，並且促使國家、社會、人民與代表市場的廠商，重新面對食品安全的風險治理問題。筆者認為食品的風險治理涉及整個社會觀念與制度轉型的問題，長期由專家所左右的食品政治，是否有可能擺脫科學主義窠臼，重新回歸到以人為出發點的治理觀點；而由國家壟斷的制度建構，又是否有可能引入公民社會的參與，讓整個食品安全從上游到下游，都可以得到更透明的揭露。本中心在 2014 年 1 月 1 日總結了過去十年的食品安全事件，提出「食品風險治理宣言」，在宣言中提到：「國內的相關單位仍侷限於實證科學的行政管制文化，缺乏預警治理思維和接納民眾的風險感知與社會價值進入決策，導致其窮於回應社會之質疑和要求，導致社會對其愈發不信任。」大統油事件給人們的省思，就是我們必須相信基本上要杜絕類似的食品安全事件的重演，就必須從觀念與制度兩個方向著手，讓整個社會的公民意識覺醒，帶動治理典範的移轉。

一、觀念的改變

（一）科學主義造成民眾對制度的信任流失

　　首先我們必須打破科學等於權威的迷思，所謂的科學就是對於事件的因果關係尋找一套科學的判準，這在食品安全上，就是以數據來降低食品的潛在風險，藉此證明食品的安全無虞，對人體的無害。但是，從層出不窮的食品安全事件我們可以得出以下的結論，許多不合法的事情，往往並沒有逾越科學所定下的紅線。以銅葉綠素為例，由於屬於合法的食品添加物，因此廠商在應用時，往往抱著便宜行事的心態，瞭解到就算被查出，也因為在科學上無法證實對人體有害，因此所要承擔的法律責任就相對較低。然而，風險的不確定性，就在於人類無法以科學查出一切風險的源頭，然後從源頭加以杜絕。因此，當科學證明「無害」、「合格」時，透露的只是在可預見的情況下，一切都未超越標準，應該可以安全使用。

　　然而，科學所做出的判斷並不是非黑即白，科學的檢驗是在一條連續的光譜上，畫出一條風險界線。這就跟疾病一樣，血壓140屬於高血壓，但是長期驗下來血壓139的人難道就不屬於血管疾病的高風險群？銅葉綠素在臺灣的規範中，原本就不能放入主食之中，特別是在臺灣的飲食習慣下，油類添加銅葉綠素，已經超越科學可以統計的範疇，我們如何得知每個人平均的油食用量，而用科學的平均是不是治理風險的好方式？我們不能說科學上採取國際標準，就認定銅葉綠素對人體的健康無害，這不是處理風險事件的最佳方式，而是以專家知識要彰顯民眾的無知，以科學數據要穩定不安的民心，如此的溝通與處理方式，正使得國家的信任一步步流失。

（二）沒有證據就無法下決策

由於科學管理主義的滲透，大統油事件所凸顯的另一個問題，就是行政單位的決策緩慢。任何的風險一旦轉為緊急事件（emergency），民眾最需要的往往就是事實，但是由於油品檢驗費時，政府只能任憑災情一步步擴大，事實一步步揭露，而無法在事件發生當下，有一套斷然的處置措施，使得民眾只有在不斷的恐慌中，持續接受一次又一次的折磨。

油品事件發生後，食品藥物管理署先是要求廠商簽切結書證明清白，之後又在網頁上公告脂肪酸、棉籽油與銅葉綠素的檢驗辦法。[7] 但是，這一切都已經無法阻止災情的擴大，簽過切結書的廠商在不久之後就爆出使用大統油為原料，而檢驗也因為跟不上產品出錯的速度，而讓政府顯得狼狽不堪。面對此混亂的情境，民眾顯得無所適從，而政府處理起來更是顯得顢頇無能。面對此情況的一再發生，政府也必須尋求跳脫法律的處理規範及原則。

我們必須瞭解，突發事件的發生將讓整個社會陷入極端情境（extremes）與例外的狀態（exceptions），在極端的狀態下，社會秩序的維持不可能依照慣常的作法（routines），因為慣例早就在突發事件發生的時候呈現脫軌的狀態。為了讓社會盡快恢復運轉，決策時就必須果決勇敢，以防止民眾的健康受到進一步的傷害。因此，我們依然認為食品安全的治理需啟動 WHO 指引中強調公眾參與之預警原則治理，以最快的斷然處置原則，建立起民眾對於政府與廠商的信心，而不是讓證據去指引當下的政策。因為沒被查到就不承認的廠商，擔心的是自己所損失的產品及金錢利益，而不是民眾最關心的健康。

7　食品藥物管理署網站所教導的檢驗辦法請參考：http://www.fda.gov.tw/tc/siteList.aspx?sid=3700，連結日期：2014 年 9 月 18 日。

二、制度的建構

此次油品事件後，對於制度的衝擊主要反應在法規與驗證機制的改變：

（一）《食品衛生管理法》的修法

2014年1月28日立法院臨時會三讀通過，將《食品衛生管理法》名稱改為《食品安全衛生管理法》，並納入食品所含之基因改造食品原料，應經中央主管機關健康風險評估審查之規定，提升基因改造食品管理規範位階，增定法律效果。此次的修法，主要是加強處罰的力道、增加第三方查驗機制、鼓勵民眾檢舉，並且追討不法所得。《食品衛生管理法》過去遭人詬病之處，就在於對違法的廠商罰則過輕，因此讓廠商有冒險的誘因與動力。因此，此次特別加重各種刑責，例如摻偽或假冒、添加未經許可之添加物之罰鍰，由6-1,500萬元，提高為6-5,000萬元；刑度由三年以下，提高為五年以下。產品標示、廣告、宣傳涉及不實、誇張或易生誤解等規定之罰鍰，由4-20萬元，提高為4-400萬元。此外，也決定主管機關可以設立食品安全保護基金，以不法業者之罰鍰、罰金或不當利得，做為補助消費訴訟或健康風險評估相關費用之基金來源，保障消費者的權益。按照食品藥物管理署的新聞稿，新法將使得不良廠商「不敢」、「不會」也「不能」再從事黑心食品製造。

然而，相較於擺在眼前的龐大獲利，如此刑罰是否能夠杜絕黑心廠商的不法行為，其實還有待觀察。針對消費者的保護基金，從後來大統的行政罰鍰遭到取消的判決我們也可以知道，由於《消保法》的位階完全處於法院基於《刑法》的判決之下，因此刑罰判決形同為消費者的求償設限，而依照目前的情況，我們對於消費者在食品安全的事件中可以獲得多少賠償，同樣有所疑慮。

（二）GMP 認證的修訂

食品 GMP 在大統油品事件之後遭到重創，負責的經濟部工業局也在此次事件後修訂「食品良好作業規範推行方案」，並重新修訂「食品 GMP 認證體系實施規章」，前者主要是更改 GMP 認證體系的組織架構，後者則是修改認證的實施原則。

由於執行食品 GMP 認證的經濟部工業局一方面委託 GMP 協會向食品業者推廣 GMP 制度並施予輔導，另一方面讓協會協助核發標章事宜，迭遭外界質疑其公信力。另一方面，工業局過去辦理食品 GMP 認證與追蹤查驗之人力、經費不足，且執行 GMP 認證機構或欠缺檢驗食品添加物、製程等專業能力，或未依規定落實執行查驗作業。[8]由此看來，工業局辦理 GMP 的認證相當仰仗民間的協會，但是 GMP 協會長期都是由食品大廠的老闆擔任，因此雖然 GMP 協會並不辦理第一線的檢驗認證，但是協會的負責人是推行會的副召集人，間接影響了整個檢驗與現場評核的結果，因而被譏為「球員兼裁判」。

食品 GMP 認證體系推行會修改之後，下面由推廣機構、驗證機構、技術會與現場評核小組所組成，推廣機構也就是 GMP 發展協會的理事長，從此只擔任委員，而發展協會的成員也不再參加現場評核小組，將整個認證推行體系的權力回歸到政府相關部

8　〈經濟部工業局辦理食品 GMP 之認證方式及產品檢驗專業能力未臻周妥，經審計部函請經濟部檢討，業已修訂相關規範〉。審計部，http://www.audit.gov.tw/files/14-1000-1678,r12-1.php，連結日期：2014 年 9 月 18 日。

門。根據推行會的設置要點，委員將由13-17人組成，除了驗證機構與相關政府部門，推廣機構3-5人、消費者團體1-3人。因此雖然推廣機構的角色比過去還要輕，但GMP發展協會依然占了1/4左右，而民間最在意的公民社會力量卻還是只有1-3人，所能夠達到的監督功能有限。

此外，新的GMP認證體系實施規章也做了很重要的修改，GMP原先採逐項產品認證，使民眾誤以認為經認證產品之廠商所有產品均符合GMP規範。因此，經濟部工業局修改相關規範，決定於2014年4月1日起改採全廠同類產品全數驗證，並且有一年的緩衝期。[9]但是，GMP的認證依然沒有觸及食品生產相當重要的一環，也就是原料的來源與管理，因此要從源頭杜絕食安風險，光靠GMP這套自主管理的制度，實在有其不足之處。

三、治理典範的移轉

從油品事件所帶來的制度改變，可以清楚地看到大統油品的確促使臺灣的國家與社會，重新思考食品安全風險的治理問題。但是，在解決問題的策略上，卻只看到法規上的微調，而缺乏對於整個治理體制的理解，因此只看得到國家急於解決眼下的病徵，卻忽略了潛藏在整個大結構底下更嚴重的缺陷與不安因子。因此，在報告的最後，我們要再回到我們在2013年底發布的「食品風險治理宣言」，我們當時在制度建構上提出以下六點建議：[10]

9　由於2014年9月的強冠油品事件，經濟部工業局決定把新的GMP認證體系實施規章提前到2015年1月1日實施。

10　風險政策與社會研究中心，「食品風險治理宣言」。http://rsprc.ntu.edu.tw/zh-TW/m06/27-declaration_on_food_risk_management，連結日期：2014年9月19日。

- 建立國家層級之「環境及健康倫理委員會」。

- 建立國家食品風險輪廓（food risk profile）。

- 追究上游、根本治理。

- 管制配套的建置，形成帶動業者自主管理的正向循環。

- 落實食品安全保護基金。

- 修正《食衛法》，納入公民參與的機制。

　　上述建議是參考國際社會預防食品風險，防止食安問題擴大，並感受民眾需求的具體作法。其目的是讓食品工業朝向透明化，讓消費者權益獲得保障，並且擴大公民參與的機會。然而，從去年的油品事件發生之後，我們看到的是專家、科學對於食品政治的影響力並沒有得到反省。我們並不認為專家就是錯，也不覺得科學被刻意濫用，而是希望政府除了站在科學的基礎之上，提出另一套更貼近民眾感知的治理體制。我們相信臺灣正走在一個低碳社會的轉型道路上，在這個過程我們需要一套全新的產業論述，對於當前產業結構的困境進行分析，瞭解到臺灣當前所面臨的發展典範與競爭的衝突，食品工業的發展其實是在這個大結構底下的一環。臺灣食品產業的轉型，背後牽涉到的公民對於科學的理解，對於自身環境的關懷，唯有提升公民社會參與決策的能耐，讓公共的感知能夠與科學的知識進行溝通，才能找到一套更符合社會的食品風險治理模式。

參考文獻

李宗義，2014，〈理解災難：從災難社會學的觀點來談〉。《國家教育研究院電子報》95。

周桂田，2014，《風險社會典範轉移：打造為公眾負責的治理模式》。臺北：遠流。

周桂田、徐健銘，2015，《從土地到餐桌上的恐慌：揭露與理解我們的食品安全到底哪裡出了錯》。臺北：商週。

范玫芳、張簡妙琳，〈科學知識與水政治：旗山溪治水爭議之個案研究〉。《人文及社會科學集刊》26(1): 133-173。

程立民、林清同，2014〈食品安全風暴下政府的因應作為〉。《治未指錄：健康政策與法律論叢》2: 204-222。

第 **3** 堂課——
餿水油議題及其
食品風險治理爭議

徐健銘 博士生
國立臺灣大學國家發展研究所

壹、事件發展

地溝油，原本對臺灣人是一個相當遙遠的名詞。在 2003 年的中國福建省查到一間非法的地下製油工廠，其油品的原料就取自其工廠鄰近的水溝、回收的餿水和其它雜質油。使用這類物質重新再製的劣質油品，後來也因此被俗稱為地溝油。目前媒體上指出，餿水油可能有細菌或微生物污染、重金屬殘留、黴菌或黃麴毒素污染、苯芘殘留（蘋果日報，2014/09/05a）等問題。食用餿水油可能引發血管硬化、心血管疾病、致癌（蔡明樺、邱俊吉、周昭平，2014/09/05）；或是因體內自由基增加，引發血管發炎、硬化，嚴重時可能造成心肌梗塞、中風（沈能元，2014/09/06）。

2014 年 9 月 4 日，檢調單位兵分三路在屏東及高雄同時破獲由郭烈成所經營的地下製油工廠、葉文祥所經營的知名製油廠「強冠公司」，以及屏東老牌的飼料廠「進威」（三立新聞，2014/09/04）。檢調初步所得結果指出，郭烈成向環保回收業者胡信德購入餿水油，且經過重新燃煮，將其再製之劣質油品轉售進威和強冠公司。進威企業則除了從郭烈成的地下工廠購入油品外，也從翔奕皮革廠、另一家地下皮革廠購入皮革削除油，以及從鈴揚食品公司收購禽肉下腳料，[1] 混合製成豬飼料，賣給高屏地區的養豬戶（湯寶隆、周昭平、洪振生，2014/09/05）。

高雄市衛生局介入調查時，強冠公司人管理課副課長表示是從 2014 年的 2 月 25 日才向郭烈成採購豬油，而且是誤以為原料符合規定，旗下只有「全統香豬油」中鏢。強冠董事長葉文祥表示，其總共向郭烈成購入 242 噸。按照其產品 1 桶約 15-16 公斤來計算，一共製

1　下腳料指的就是在加工過程中分離或殘餘的用料，例如碎肉、內臟及骨頭等。

成 5 萬 1 千多桶，已流入市面的數量則約 4 萬 8 千多桶（蘋果日報，2014/09/05a）。

　　初步引發恐慌的乃是強冠公司的知名產品「全統香豬油」。由於「全統香豬油」供應的對象廣泛，像是基隆李鵠餅店、臺南黑橋牌、味全食品、味王食品、維力等食品大廠或知名品牌。隨著調查深入，越來越多知名的食品大廠也都中箭落馬。根據食品藥物管理署至 2014 年 9 月 15 日之統計，強冠下游之食品公司或食品加工廠的數量達到 235 家左右，並且使得上百種食品因此下架或銷毀（食品藥物管理署，2014/09/18）。

　　其中，除了第一波的知名品牌以外，陸續像是呷七碗、美芝城、五花馬、犁記餅店、玉珍齋、盛香珍、奇美食品、太子油飯，以及摩斯、春水堂和王品集團等也都紛紛爆出使用強冠油品之問題（食品藥物管理署，2014/09/18）。尤其，檢調更發現不止是強冠有問題，臺灣另一家知名的製油廠，頂新集團旗下的正義油品也同時被懷疑使用了飼料油來進行製油，仍待進一步的化驗才能夠判斷是否有問題（蔡容喬，2014/09/16）。圖 1 是本文針對此事件整理的時間基本資訊，因此將來仍有需要進一步完善討論的必要。目前僅就其已引發的爭議和問題進行分析。

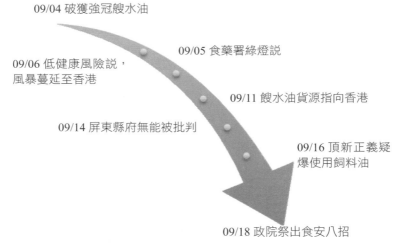

圖1　餿水油事件發展（2014/09/04-09/18）
資料來源：作者自行製圖

貳、餿水油相關風險爭議分析

爭議之一：「劣油未必傷身」——綠燈說

　　事件的第二天，食品藥物管理署便召開專家會議探討此一議題。
2013 年因大統食用油造假事件而臨危受命的食品藥物管理署署長葉
明功，在結果尚未出爐之前指出，即使是誤食到這些劣質油未必傷
身，因此並未將健康風險燈號從綠燈修改為紅燈或黃燈。並且試圖
將該事件定位為劣質豬油，認為其乃是將餿水油和回收油以 1：2 的
比例進行再製，就比例和過程來看應該被視為劣質豬油（邱俊吉，
2014/09/06a）。被邀請與會的專家、東海大學食品科學系的蘇正德教

授亦表示，雖然業者行為不可取，但這些劣質食用油的健康風險其實相當低，認為許多媒體上站出來的專家都只是在捕風捉影；他認為民眾一天食用到的劣質油品大約只有 30 毫克，大概就只是一滴油而已，因此風險更低。

> 　　若強冠生產這些油、流入市面的時間估為 200 天，有民眾天天吃，則 200 天會吃下 1.2 茶匙的問題油。蘇正德舉例，強冠在今年 3 月至 8 月、約 200 天期間，約有 24 萬 7 千公斤餿水油流入市面，若全臺 2,300 萬人口有一半，約 1,250 萬人吃到，每人約吃到 20 公克，再除以 200 天，每天約 100 毫克，而做菜用油，會有殘油流鍋底等，所以真的吃進嘴裡的約有 30 毫克，這 30 毫克含多少黃麴毒素等有害物質，需要檢驗證明，但相信也微乎其微，不易危害健康（邱俊吉，2014/09/06b）。

蘇正德進一步認為這些「專家」都不是食品專家，都是來自「營養、化學、化工」等領域，舉不出實證證據就不應該隨便說話。然而，前任食品藥物管理局局長康照洲表示，餿水油可能含有丙烯醯胺和其它化學分子，風險尚待檢驗、綠燈言之過早；而食藥署區管中心主任馮潤蘭也舉例「糞便放進壓力鍋滅菌後驗不出微生物，但不代表可吃下肚」（蘋果日報，2014/09/08）。尤其，像是風暴中的味全公司，它下架的 12 項商品有 5 項乃是嬰幼兒食品的「味小寶系列肉鬆」（ETtoday 生活中心，2014/09/05）；換言之，不僅是風險自身的物性、化性尚未檢驗出來，對於不同風險族群所受到的影響也需要進一步調查、而非皆為「綠燈」。

　　按食藥署葉署長和蘇正德教授的邏輯，臺灣的食品安全雖然設有「消費紅綠燈」，並且有「紅、黃、綠」[2]三種燈號，但恐怕將永遠綠燈了。首先，以紅燈為最嚴重，可能對人體有立即重大危害或是在國人攝食習慣下的暴露量將造成重大危害；以綠燈代表沒問題，說明問題產品未進入我國、危險因子已被控制、標示不全、或對人體健康風險評估後影響極微者。就這個意義上來看，該事件初期雖然暫且無法納入紅燈，但也不應該還是綠燈。更正確的作為應該是將食品消費的情況改為黃燈，意即問題產品有輸入、雖無立即危害但有危害的疑慮，同時又違反食品衛生標準且影響層面大者。食藥署所建立的「食品藥物消費者知識服務網」甚至也建議到：發生這種情況，應該要通知國內業者暫停販售和下架（食品藥物管理署，2014/02/05）。若是為了避免民眾恐慌而永遠綠燈，那這個機制就是白設的警示。然而，一般人尋求政治的負責者以及風險的解決方式，正是他們對現代性危險意識的一部分（Lupton, 2005）。

爭議之二：地方單位的稽查能力與人力

　　屏東農業處最後查出，郭烈成下游的進威飼料根本沒有合法的飼料製造登記者，但卻已經成立了二十五年。其上游除了郭烈成的地下工廠以外，還有從翔奕皮革廠、另一家地下皮革廠收購的皮革削除油，又向鈴揚食品公司收購禽肉下腳料（碎肉、內臟及骨頭），混合製成豬飼料，賣給高屏地區的養豬戶（湯寶隆等，2014/09/05）。直到2013年初，進威才取得臨時食品加工廠登記證（陳宏銘、洪振生，2014/09/06）。強冠也是污染排放慣犯，從2011年迄今有四次的違規紀錄（蘋果日報，2014/09/05a）。也就是說，至少在屏東此一事

2　紅燈（嚴重）、黃燈（有疑慮）、綠燈（沒問題）。

例中，同時有地下工廠的問題、還有不合理的原料購買行為，全部都發生在屏東縣政府各局處的眼皮下，卻沒有任何一個環節被進一步地抽絲剝繭，把這個非法的商業網絡給拉扯出。

　　舉此一事件的源頭是屏東一老農，而其求助的對象卻是臺中檢調單位；另一方面，也顯示出屏東縣政府獲舉報後之入廠清查，並沒有實際達成重大的效益，也沒有及早發現此一重大食安問題，甚至有官商勾結之嫌。屏東縣衛生局分別在 2012 年 11 月、2013 年 10 月和 12 月、2014 年 6 月皆向強冠進行稽查，卻始終沒有發現該廠所使用的原料之情況（楊欣潔，2014/09/08）。為此，屏東縣的環保局、衛生局、地政處、農業處和城鄉發展處等 5 位首長因此在事件爆發後兩個星期下台；但同時，屏東縣縣長曹啟鴻又指出其全縣違規工廠稽查員只有 1 人、環保稽查員則是 10 人按三班制輪勤（朱言貴，2014/09/09）。

　　但人手不足並不是新的議題。監察院 2010 年的「各縣市政府衛生局食品衛生安全把關調查意見」說明「全國 25 個縣市衛生局從事食品衛生業務之編制專責人力約 390 人，占其在職員工數 6,989 人之5.59%，每位專責人力平均服務人口數（下稱人均服務數）為 59,103人。」另一方面，每一縣市不論人口之多寡，衛生署又「一視同仁」地撥出接近之補助款給各縣市政府衛生局（程仁宏、楊美鈴，2010）。另，地方環保局編制人力普遍為 1-2 人，卻要負責全國有關之業務，如申報、現場稽查以及工廠檢視等等（程仁宏、楊美鈴、劉玉山，2011）。換言之，地方基層人員的辛勞、執行與管理基本上一直都不被重視；人手不足其實是不夠被重視的議題。

爭議之三：未落實的食安體系

　　但反過來說，中央的食品衛生政策相關單位，從過去到現在都沒有切實地去討論食品安全的制度結構問題，而只是不停使用口號而已。尤其是有關食品溯源、追蹤、認證和監督等環節上，又因本事件顯現出其脆弱不堪的情況。事實上，臺灣食品衛生相關單位首先在2013年的化製澱粉風暴中宣布十大措施，包含：強制登錄制度、大幅加重罰則、追繳不當利得、源頭控管化學原料、建置食品追蹤與追溯系統、明確規範全成份標示、鼓勵及提高檢舉基金、提高食藥署（TFDA）人員經費、研議食品安全基金、增加專家諮詢和民間團體參與機制（食品藥物管理署，2013/06/13）。

　　在大統混油風暴後，又在2014年1月13日針對《食品安全衛生管理法》進一步修法，也就是強化三級品管、提高添加物使用相關與廣告不實相關之罰鍰與刑度、新增食安基金、食品添加物查驗登記、基因改造食品原料追溯與登錄系統等目標（食品藥物管理署食品組，2014/01/13）。另一方面，則推動 GMP（Good Manufacturing Practice，良好作業規範）精進方案，將過去以產品為單位的認證方式，改以全廠全產品為單位；又因大統混油事件中的 GMP 協會理事長魏應充，本身所處的頂新集團就在風暴中心，才導致 GMP 協會理事長首次由非企業主的孫寶年教授擔任。但在修法緩衝期間，又再次說明中央政府在制度設計上仍有待商榷。

　　首先，因為目前食品原料之進出口並未建立資料庫，自然缺乏追蹤和追溯系統，進而也導致在追查上的困難。尤其是大宗原物料卻仰賴紙本作業的情況，可能給予不肖廠商可趁之機。例如在本次事件中，強冠向香港金寶運公司進口的豬油，直到事件爆發後才發現其公正報告乃是造假。食藥署針對中國、澳門和香港等地之進口油品改

以書面審查、產品檢驗和官方證明三管齊下，並同時取消民間公正報告，但其它國則仍然可以（吳佳珍、黃文彥，2014/09/12）。但過去食藥署就無法抽驗出是否為餿水油，而抽驗方式的專家會議也仍在進行中，這樣的措施是否有效還尚待考驗。

又如臺中市衛生局在2014年9月11日詢問王品集團有無使用豬油。王品雖然否認，但旗下「曼咖啡」的番茄蔬菜湯卻因使用到強冠出產的豬油而在2014年9月6日自主下架、9日重新上架，顯示其隱匿資訊的情況（程遠述、張明慧、喻文玟，2014/09/14）。又如屏東縣府和高市衛生局在對進威的查驗中，才發現正義和強冠都與飼料廠一同從澳洲進口46批牛油，其中卻有24批跟飼料廠合艙。合艙，就表示各貨主可以互相提調流用同一批商品（蘋果日報綜合報導，2014/09/16）。無論是食品公司是否有使用某原料，或者是究竟是食用油還是飼料油被進口到臺灣，食品衛生的相關單位都不能靠「問」的，而非制度化的建檔資料庫，都是臺灣的食品治理結構性問題。

另一方面，就像是強冠公司在大統混油風暴中也能夠出示來自臺灣 SGS 的檢驗證明（楊欣潔，2014/09/08），又或者在它的 25 種食用油產品中也有 12 種具有 GMP 認證；出現問題的全統香豬油雖然沒有取得 GMP 認證，但平常的廣告中卻仍被視為 GMP 的優良工廠（蘋果日報綜合報導，2014/09/05b）。這種情況發生在 GMP 認證改為全廠全產品認證方案的緩衝期，也迫使 GMP 的精進方案更有必要加速啟動，也說明目前的 GMP 標章已經失去效力、受到嚴重抨擊，已經來

到存廢爭論之際。尤其,如再次從風暴中全身而退的義美食品高志明總經理所言:

> 為什麼退出 GMP?臺灣很多認證標章的理監事或董監事會,都是由大公司組成,找不到消費者團體、中小企業或攤商。但我認為,應該協助的是弱勢的消費者和中小型食品、夜市攤商。2011 年總統馬英九來南崁參觀時,我就講過了,但沒有真的去做(王一芝、林芳宇,2013)。

行政院試圖挽救食安,祭出所謂的八大措施:加重刑責罰鍰、提高檢舉獎金和吹哨者條款、公布中央檢舉專線、實施油品分流和輸入查驗、加強廢油回收管理、落實三級品管 2015 年 1 月開始強制第三方驗證、優先納入 GHP)[3]、食品雲上線時間提前(食品業者一律使用電子發票)、推動食品 GMP 改革(視民意決定日後是否廢除)。但這些措施與 2013 年和 2014 年所公布的措施並沒有什麼不同,**而且問題都是一樣的:沒有切實執行**。

參、擴大食品風險治理的感知與建立資料基礎

針對現行食品風險治理,關鍵在於兩點:一是納入民間團體和各方專家進入食品治理的監督、審議和討論之環節中,以擴大風險感知的知識與合法性基礎;再者,切實納入足夠的人力來建立資料庫和監督機制,無論是在食品原料、化學原料面向、也在廢棄物和環境面向,並同時將不同族群、性別、年齡的膳食和生活習慣納入考量。

---

3 「食品良好衛生規範」(Good Hygienic Practices)。

從綠燈說到食品專家拒斥其他專家和民間聲音所造成的反彈來看，明確顯示當前主政者的思維與民間和企業對於食品安全的想像有所落差。希望使用專業強力說服、教育民眾的方式已然失去效力。幾次的食品事件之中，許多專家、官員和一般大眾之間會在風險感知上有極大的分歧；在缺乏耐心彼此討論的情況下，僅僅發生彼此對立、攻訐又荒謬的情況。

　　例如，關於本次餿水油、前次混油之爭議中，有些專家很可能會認為這些情況雖不允許，但這種違法行為所帶來的健康衝擊與風險對人體是相當小的。而政府官員從治理者和專業的面向來看，也可能認為比起其它相當的食品問題而言，這些是相對健康風險較低的來源，並且將心力和資源投注在其它面向的食品問題上。但是，這些想法和大眾面對食品問題的恐慌所採取的態度卻往往相反。對於大眾而言，這些說法經常被視為專業者的風涼話，沒有考慮到長期食用、不同人群（如專為健康需求較高的人群所設定的產品，如幼兒、癌症患者），以及對於食品安全的期待（大眾期待的不是風險低的違法產品，而是無風險的合法產品）。

　　民眾也不會因為一天只吃到低劑量的餿水油或是地溝油而感到安心。專家習慣看比例、量測風險，其風險感知是一個機率乘上危害的概念。但是民眾的風險感知上是有無的概念，有風險就是有風險，就算眼前有一杯飲用水只加了一滴糞水，哪怕裡面的微生物、毒素微乎其微，那就是不能喝的水。專家將民眾斥為無知，民眾視專家說法飄飄乎不知所以然；彼此都陷入了風險感知上的迷思，只

期待說服對方、要求對方，而缺乏溝通做為其橋樑。尤其，專業者如學者、食品技師和食品藥物管理的官員，如果自恃專業而忽視不同的風險感知，結果就是臺灣社會不僅是對官員的信任江河日下，對所謂的「專家」之信賴也自然日漸下滑。

因此，在現行的食品風險治理過程中，納入民間團體和各方面的專家進入食品治理的監督、審議和討論，一方面強化相關的知識基礎，另一方面則是強化其合法性基礎。更重要的是，這樣的舉措不應該是在出事之後，在全國食安會議裡面才召開各種學者、專家和民間代表與會討論；反之，應該落實在基本的制度設計之中。雖然既有的食品藥物管理署之中已存有風險管理組，但實際的執行人員仍舊是純粹的食品技術人員，而非能夠從各個面向探討自身治理結構的風險治理機構。

其次，政府是否能實際落實這幾年來所做出的口號，仍然是一個重大的問題。從強冠的下游高達235家、其中不乏食品大廠來看，政府使業者自主管理、GMP、ISO和其它第三方認證等作為已破功。雖然 GMP 和 ISO 更關心的是作業流程，但民眾期待的是安全和合理的食品風險治理。正如前文有關綠燈說之探討，按著製程加工的糞便仍然不保證可以吃下肚；可以按流程製造出來的食品，必須其本身就源自食品原料。確保食品原料的來源與過程將是目前最重要的行動，也是未來追蹤和發現、法庭攻防的基本條件。

此外，政府目前所進行的各項措施，包括引用《食品安全衛生管理法》來要求業者負擔責任自主回收、限期下架，並且針對食品詐欺／廣告不實的問題進行開罰。然而就像起雲劑中惡意添加塑化劑事件、大統混油事件一樣，衛生福利部雷厲風行地施展行政裁罰，最後上了法庭卻效力不彰、被削弱或撤銷。對業者而言，風頭過後又是雨過天青。

《食品安全衛生管理法》在這幾年的食品安全議題上不斷地被修正和推陳出新，但都是純粹問題導向式的修正。食用油出問題後才開始針對飼料油、食用油等進行原料登錄，按這邏輯，恐怕未來其它不同的食品也要等到引發風暴之後才會對其制度進行修正。目前食品藥物管理署試圖建立的食品追蹤和追溯制度，應該具備更積極的功能，也就是透過這種最基礎之資訊的掌握，反思既有食安體制與生產鏈是否有結構性的缺陷，進而提前解除了將來的危機，也盡早提升國民的食品安全。

　　雖然在此事件中，衛福部和食藥署在兩個星期內的處置節奏明快。然而，現在的問題則是更根本的問題。像是食品生產履歷（登錄和產銷記錄）、認證或三級品管制（監督）以及地方前線的環保局、衛生局、農業處之糾舉制度是否面臨失靈？更深層的來說，則是地方基層能否有效合作以收實際稽查之功，而非每次告發一種問題，就真的只抓一種問題、輕易地檢查一下就讓業者蒙混過關。我們也很期待在查緝大統混油事件中的檢調與稽查人員之合作。

　　按照正常邏輯而言，臺灣目前只會不斷地發現過去政策或行政怠惰所造成的各種光怪陸離之食品問題。因此，更重要的問題在於是否能夠靠著行政的改良，逐步提升對於這些未知問題的探索。這是一個風險社會的問題：它必須要不斷地挖自己的牆角，在未爆彈爆發之前想辦法修補或是重建這些脆弱的社會結構；實際存在的風險與發生災難打破了科學的自我神話，並迫使它去反省；但這兩個過程中間不可或缺的樞紐則是消費者、民心向背（周桂田，2005）。否則，當地雷被引爆、又缺乏有風險治理思維的行政措施，恐怕只會對政府的施政給予更大的打擊。

參考文獻

周桂田，2005，〈知識、科學與不確定性──專家與科技系統的「無知」如何建構風險〉。《政治與社會哲學評論》13：131-180。

食品藥物管理署，2013，全面落實及推動新《食品衛生管理法》邁向食品安全新紀元。http://www.fda.gov.tw/tc/newsContent.aspx?id=9937&chk=01c503c0-6037-47d5-be57-c2ca88a086cd#.VBww6fmSwg1，取用日期：2013 年 6 月 13 日。

食品藥物管理署，2014，食品消費紅綠燈認定機制與處置及建議表。https://consumer.fda.gov.tw/Pages/Detail.aspx?nodeID=607&pid=7311#，取用日期：2014 年 9 月 8 日。

食品藥物管理署，2014，問題產品清單、向地方衛生局報備更換油品後上架產品清冊。http://www.fda.gov.tw/TC/siteContent.aspx?sid=4103#.VBrOavmSwg0，取用日期：2014 年 9 月 18 日。

食品藥物管理署食品組，2014，積極推動《食品衛生管理法》修法，重振食安信心。https://consumer.fda.gov.tw/News/List.aspx?code=1010&nodeID=10#，取用日期：2014 年 2 月 27 日。

程仁宏、楊美鈴，2010，各縣市政府衛生局食品衛生安全把關調查意見公布。https://www.cy.gov.tw/AP_HOME/Op_Upload/eDoc/%E8%AA%BF%E6%9F%A5%E5%A0%B1%E5%91%8A/99/099000076%E5%90%84%E7%B8%A3%E5%B8%82%E6%94%BF%E5%BA%9C%E8%A1%9B%E7%94%9F%E5%B1%80%E9%A3%9F%E5%93%81%E8%A1%9B%E7%94%9F%E5%AE%89%E5%85%A8%E6%8A%8A%E9%97%9C%E8%AA%BF%E6%9F%A5%E6%84%8F%E8%A6%8B%E5%85%AC%E5%B8%83.pdf，取用日期：2011 年 12 月 31 日。

程仁宏、楊美鈴、劉玉山，2011，塑化劑調查報告。https://www.cy.gov.tw/AP_HOME/Op_Upload/eDoc/%E8%AA%BF%E6%9F%A5%E5%A0%B1%E5%91%8A/100/100000444%E5%A1%91%E5%8C%96%E5%8A%91%EF%BC%88%E5%B0%8D%E5%A4%96%E5%85%AC%

E5%91%8A%E7%89%88% EF%BC%89.pdf，取用日期：2012 年 7 月 7 日。

Lupton, Deborah A., 2005, "Lay Discourse and beliefs related to food risks: an Australian perspective." Sociology of Health & Illness 27(4): 448-467.

新聞媒體

ETtoday 生活中心，2014，〈味全用 15 噸餿水油！　下架商品近半是寶寶系列肉鬆〉。ETtoday，http://www.ettoday.net/news/20140905/397724.htm，取用日期：2014 年 9 月 7 日。

三立新聞綜合報導，2014，〈臺灣也有了！噁心「地溝油」混食用油　月餅、鳳梨酥恐中鏢〉。三立新聞，http://www.setnews.net/News.aspx?PageGroupID=1&NewsID=38197，取用日期：2014 年 9 月 4 日。

王一芝、林芳宇，2013，〈義美為什麼退出政府推動的 GMP ？〉。《遠見雜誌》330。http://www.gvm.com.tw/Boardcontent_24529.html 。

朱言貴，2014，〈屏縣府大玩棄車保帥〉。蘋果日報，http://www.appledaily.com.tw/appledaily/article/headline/20140919/36094764/，取用日期：2014 年 9 月 19 日。

吳佳珍、黃文彥，2014，〈大陸、香港、澳門進口油品逐批驗〉。聯合報，http://udn.com/NEWS/NATIONAL/NAT4/8930780.shtml，取用日期：2014 年 9 月 16 日。

沈能元，2014，〈劣油毒害　花椰菜芭樂可解〉。蘋果日報，http://www.appledaily.com.tw/appledaily/article/headline/20140906/36069140/，取用日期：2014 年 9 月 6 日。

邱俊吉，2014，〈「劣油未必傷身」食藥署挨批護航〉。蘋果日報，http://www.appledaily.com.tw/appledaily/article/headline/20140906/36069150/，取用日期：2014 年 9 月 6 日。

邱俊吉，2014，〈學者：這些油不該給人吃　但健康風險相當低〉。蘋果日報，http://www.appledaily.com.tw/realtimenews/article/new/20140906/464960/，取用日期：2014 年 9 月 7 日。

陳宏銘、洪振生，2014，〈更毒　皮革廢油恐摻進餿油〉。蘋果日報，
　　http://www.appledaily.com.tw/appledaily/article/headline/20140906/360691
　　20/，取用日期：2014 年 9 月 6 日。

湯寶隆、周昭平、洪振生，2014，〈餿水油混皮革油　製有毒豬飼料〉。蘋
　　果日報，http://www.appledaily.com.tw/appledaily/article/headline/201409
　　05/36066599/，取用日期：2014 年 9 月 5 日。

程遠述、張明慧、喻文玟，2014，〈王品隱匿番茄湯染餿　臺中市衛生局
　　要罰〉。聯合報，http://udn.com/NEWS/NATIONAL/NATS1/8934551.
　　shtml，取用日期：2014 年 9 月 16 日。

楊欣潔，2014，〈屎測論攻防　「董氏查都比衛局強」〉。聯合報，http://udn.
　　com/NEWS/NATIONAL/NAT4/8921867.shtml，取用日期：2014 年 9 月
　　16 日。

蔡明樺、邱俊吉、周昭平，2014，〈餿水油致癌　比棉籽油恐怖〉。蘋果日
　　報，http://www.appledaily.com.tw/appledaily/article/headline/20140905/36
　　066617/，取用日期：2014 年 9 月 5 日。

蔡容喬，2014，〈正義進口牛油與飼料用油同艙　以食用油報關〉。聯合
　　報，http://udn.com/NEWS/NATIONAL/NATS3/8938369.shtml，取用日
　　期：2014 年 9 月 17 日。

蘋果日報，2014，〈駁餿水油無毒說　學者：吃屎也沒害〉。蘋果日報，
　　http://www.appledaily.com.tw/appledaily/article/headline/20140908/360719
　　63/，取用日期：2014 年 9 月 19 日。

蘋果日報，2014，〈味全 12 產品下架　餿水油　5 萬桶下肚〉。蘋果日報，
　　http://www.appledaily.com.tw/appledaily/article/headline/20140905/360665
　　66/，取用日期：2014 年 9 月 5 日。

蘋果日報，2014，〈查廠雖然合格　卻揪不出餿水油〉。蘋果日報，http://
　　www.appledaily.com.tw/appledaily/article/headline/20140905/36066606/，
　　取用日期：2014 年 9 月 5 日。

蘋果日報，2014，〈正義飼料油　疑製成食品〉。蘋果日報，http://www.
　　appledaily.com.tw/appledaily/article/headline/20140916/36087492/，取用
　　日期：2014 年 9 月 16 日。

第 **4** 堂課——
高屏大湖開發爭議

范玫芳　教授
國立陽明大學科技與社會研究所

蔡旻霈　碩士
國立陽明大學科技與社會研究所

壹、事件發展與各方爭論

　　八八風災後，越域引水工程停擺，南化、曾文水庫嚴重淤積，水利署宣稱「南部用水吃緊」，而重提美濃水庫興建案。在2010年「曾文南化烏山頭水庫治理及穩定南部地區供水特別條例」中的「穩定南部地區供水計畫」並未寫明興建「吉洋人工湖」，僅提到「開發新水源」或「人工湖」，[1] 環保團體及當地居民對於資訊不公開表達不滿。[2] 預算通過後，水利署2010年3月提吉洋人工湖修正計畫，更名為「高屏大湖」，分期施工。開發單位表示臺灣地形山高流短，水資源極易流失入海，必須有足夠之蓄水空間以蓄豐濟枯，方能提高穩定供水量，故以攔河堰的方式充分運用荖濃溪豐水期充沛水量引入人工湖存放，以減緩未來高屏地區缺水危機。再者，傳統高山水庫之優良壩址已難再開發，且對環境、生態影響較大，故水資源開發策略以人工湖對高屏地區最為有利。水利署聲稱人工湖除有供水、防洪外，並能提供砂石原料，穩定砂石價格預防砂石盜挖，以及補注地下水之功能，且可提供遼闊的水域風景有助於增進當地觀光效益。[3]

　　美濃、旗山和里港等地居民及環保團體得知人工湖計畫預期再開發後，北上抗議反對政府以興建大型水利工程的方式解決水資源問

---

*　本文改寫自作者曾發表之文章：蔡旻霈、范玫芳，2014，〈科學民主化與水資源開發爭議：高屏大湖之個案研究〉。《臺灣民主季刊》11(1): 1-40。

1　苦勞網，2011，〈美濃反水庫、終止吉洋湖　美濃鄉親立法院記者會〉。http://www.coolloud.org.tw/node/61245，檢索日期：2012年5月5日。

2　環境報導，2011，〈反不當開發吉洋人工湖、美濃水庫　水利署：南部要有備用水源〉。http://shuchuan7.blogspot.tw/2011/05/blog-post.html，檢索日期：2012年7月3日。

3　經濟部水利署南區水資源局，「高屏大湖工程計畫——計畫緣起」，http://www.wrasb.gov.tw/business/business01_detail.aspx?ShowNo=117&no2=105&no3=43=&wid=122，檢索日期：20012年6月25日。

題，未充分評估其他取水的替代方案，並質疑高屏大湖不封底的設計將與地下水層交互作用，將無法達至計畫宣稱的蓄水效果。此外，興建人工湖將犧牲寶貴的農地，對當地的自然生態環境產生衝擊，可能造成惡化當地淹水問題、搶奪當地地下水及農業灌溉用水。

　　針對高屏大湖搶奪當地地下水的疑慮，水利署認為「抽取地下水」的說法為誤解，而未詳談問題解決的實質效果（鍾聖雄，2012）。面對水利署的回應，在地居民及環保團體認為須再檢視開發單位的說詞，並主動收集資料；查閱水利署的檔案與計畫內容；成立反高屏大湖自救會，並與環保團體、在地公民團體、地下水專家積極合作，並尋求立委[4]支持試圖影響決策。環保團體以及在地居民積極地參與環評程序，於環差會議與環評大會針對良田保育、環境變異、在地風險感知、工程爭議、當地地質水文特性等層面發表意見，並且透過媒體系列報導傳遞在地的聲音。2013 年 3 月 13 日環評大會針對工程爭議進行詳盡的討論，包括試驗池報告的結果、開發單位的論述、在地居民的風險考量、未來高雄地區需水量的評估、環境影響的因素、蓄水效益、替代方案的可能等面向。環評大會中民間團體與在地居民積極發言，並引用試驗的結果論述強化自身的論述，與開發單位交互應答，開發單位仍未能清楚的回應搶奪地下水的問題；多位環評委員質疑是否可能興建後淪為蚊子湖；淹水問題方面，開發單位則聲稱經外六寮排水系統實施後將能降低集水區面減緩淹水問題。在地居民表示當地治水工程興建了水閘門後，反而改變水的流向惡化當地的淹水，高屏大湖一旦開挖後原可供為良好滯洪池的良田將消失，即便有排水系統對於淹水問題仍幫助有限。

4　田秋堇立委、邱議瑩立委、鍾紹和立委都對此議題專注，曾在立法院會議中提出以其它取水方式來替代高屏大湖計畫。詳細記錄內容請見《立法院公報》100(24)，委員會紀錄。

　　環保團體、在地居民與民意代表對開發單位提供的數據提出質疑,請開發單位解說資料來源及立論依據,逐漸使爭議明朗化。[5] 部分環評委員認為水利署對於蓄水功能過於樂觀期待。最後環評委員投票決議此案退回經濟部水利署,由中央及地方對土地利用、水資源調度、多元替代方案[6] 及本案開發之必要性通盤檢討之後,另外尋找更佳方案(劉力仁,2013)。

貳、技術取向的決策模式與大型水利工程

　　臺灣因地形陡峭河川湍急,雨季集中於夏季,冬季則會出現缺水的隱憂,開發單位宣稱為因應缺水的危機須持續開發水庫留住急於流失的水資源,高屏大湖則是美濃水庫受阻後積極開發的替代方案。環保團體與一些學者對於水利署在 2002 年臺灣地區水資源開發綱領計畫政策評估說明書推估南部地區生活與工業用水供需量提出質疑:水利署以人口成長為民生用水的推估[7] 依據,但近年來臺灣人口成長率低,則可能高估用水需量;工業用水則以開發中、編列中、規畫擬定中工業區之類別考量低成長、中成長和高成長[8] 環境下的工業用水需

5　2013 年 3 月 13 日高屏大湖環評大會田野筆記整理。

6　如傍河取水、百里埤塘、東港溪水源淨化、地下水資源的運用、改善自來水管漏水率等方案,雖在環評會議中提及討論多次,地方人士及 NGO 團體經調查認為以上述此些方式便無須開發高屏大湖,但官方回應此些替代方案基於經濟成本及效益的考量,認為高屏大湖為首要推動的方案。

7　生活用水需求量算式:
　　(人口數中成長值)×(普及率)×(每人每日生活用水售水量中成長【或節約用水標準】)/(供水售水率)。經濟部(2002),〈臺灣地區水資源開發綱領計畫政策評估說明書〉。

8　低成長:既有工業區之用水成長加上目前開發中工業區完成後所需之用水;中成長:包含低成長加上報編及編定中工業區完成後所需之用水;高成長:

求。吉洋人工湖和其他的新興水源開發案，主要為因應科學園區等「高科技」產業的陸續開發，以及計畫中的八輕等傳統石化產業。環保團體評估在低成長的情勢下，新增工業用水需求來自臺南科技工業區、臺南科學工業園區、岡山工業區，而南化水庫二期工程已完工，能滿足供水需求。中成長情勢下，主要新增的水源即是吉洋人工湖、曾文越域引水計畫，然而因濱南工業區停止開發且在許多工業區招商不如預期的情形下，目前已完成的南化水庫與高屏堰聯通管路每日新增50萬噸足以因應，因此不需要推動吉洋人工湖等計畫（李根政、林岱瑾，2004）。

臺灣水資源政策發展傾向以穩定未來的供水需求為立論，仰賴地面水的開發工程解決官方所預估的水資源需求缺口。然而，其他替代取水方案（例如地下水資源的運用）、提高水資源管理效率以及改善自來水漏水率的根本問題之預算比例仍遠低於水資源開發的工程。臺灣的水庫及地面水利工程承襲美援技術，長久發展之下水資源政策培養出水利官僚、特定學界人士、顧問公司所形構的學術、技術和利益共生體系。水庫、地面水利工程大而集中的取水設計及水資源的管理知識由開發單位及水利學者所掌握，接受水庫及人工湖的開發，就等同接受科技菁英所提供大而集中的水資源管理技術。水庫開發工程持續開發，長久下來已培育出特定的利益網絡，水利官僚、特定學界人

包括中成長再加上規劃擬議中工業區亦完成後所需水量。經濟部，2002，《臺灣地區水資源開發綱領計畫政策評估說明書》。

士、顧問公司，都是水庫開發的支持者、獲利者，加上政治人物介入
工程利益，致使水庫工程成為水資源開發的主流模式，決策模式偏向
單一技術取向（圖1）（李根政，2005: 3）。

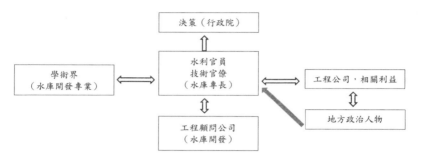

圖1　臺灣水資源決策模式圖：偏向單一技術取向
資料來源：李根政（2005）

參、在地知識、風險評估與科技民主

　　在諸多科技風險決策與環境開發爭議案中，官方往往將環境風險
與社會衝擊視為是工程可克服的範圍。然而隨著全球跨界風險及災難
的頻傳，以往講求專家至上的科技決策和統治方式已失去公信力。
Wynne（2003）認為探究專業知識的同時不可忽略公共爭議所處的政
治與社會文化脈絡，必須關注公共問題形成過程中的連續性，以及公
眾經驗、人際關係和在地經驗多重交織的情況。高屏大湖爭議牽涉水
資源管理運用、國土規劃與環境衝擊等諸多層面，呈現不同問題範疇
並存與相互影響下，專家決策模式的侷限。高屏大湖的設計牽涉地面
水與地下水的交互作用引發水源的界定爭議，在試驗池計畫、環差會

議和專家會議的討論過程中，難以定位高屏大湖為地面水庫或是地下水庫而爭論不休，直到環評大會才取得共識，將高屏大湖未封底前視為地下水庫。然而，有關高屏大湖在枯水期的運作「如何才算抽取到當地地下水？」以及「若高屏大湖借用地下水層空間調節蓄水，這樣是否有調豐濟枯之效？」等問題，專研地下水的學者、水利工程學者則因各自的專業知識的侷限而爭論不休，未有共識。在專家會議的討論又延伸出「高屏大湖是否有可能自然封底」、「人工封底的技術可行性」等爭論。高屏大湖工程設計引發誰才具有解決高屏大湖爭議的專業知識的問題，同時凸顯相關的調查研究與評估仍不夠充分、不同領域之學者對於地下水、地面水專業知識的侷限以及環境不確定性。

　　高屏大湖自2001年環評通過後歷時多年，經強颱過境及八八風災重創南部地區，當地環境產生顯著變異。在地居民立基於環境變異的敏感度與在地知識，從地下水位的差異、氣候的變遷和生態永續等層面提出自身的風險感知與論述。在地長期從事務農與養殖業的居民，對當地地下水文與環境都有相當瞭解，經由每日的工作實作與日常生活中觀察經驗，可以明確的指認地下水位豐、枯雨季的變化，體察到極端氣候及環境變異對當地地下水位及附近河川水質的影響。地方居民透過與環保團體和研究當地水文的水利專家結盟，強化在地觀察與論述的有效性，形成一股有力的知識動員力量，採取多樣的參與方式凸顯高屏大湖開發案的風險。以往在牽涉高度專業的環境開發爭論中，常陷入專家與常民截然二分的窠臼，地方常民知識在知識生產與政策制定過程中的地位常被削弱甚至被排除。個案中長期從事務農和養殖業為生的居民以自身經驗理解當地地質水文特性及地下水位的變化，提供獨特的地方脈絡和處境的知識，有助於釐清環境影響評估中的科學爭論，並改善專家風險評估的不足。

　　南部環保團體體察到極端降雨情況頻傳、臺灣國土的脆弱性、地震、颱風對地面水的影響劇烈等情況發生,認為不宜再開發地面水工程。美濃愛鄉協進會與南部環保團體、屏科大丁澈士教授研討地下水運用,在美濃文化造鎮總體規劃案中主張運用地下水補注的概念,提出地下水與地面水聯通運用做為南臺灣水資源開發的替代方案。水源補注與抽水需遵守抽補平衡的原則,將屏東平原透水性好的礫石地質所形成的地下含水層視為地下水庫運用。此外,進行地下水補注的所需的埤塘土地取得,可採徵收或長期租賃農業休耕地等方式取得,選擇靠近聚落的地區,埤塘可達淨化、生態保育與滯洪等功效,利於維護聚落的環境生態及永續發展。此構想依據分散性的水源補注及取用,避免大型水庫工程集中開發而導致單一區域環境過度破壞(美濃愛鄉協進會,2006)。高屏大湖爭議告一段落後,環保團體更加積極轉與水利署溝通水資源工程開發轉型的可能,朝地下水開發工程發展。歷經民間團體多年倡議,伏流水取用方式已納入水資源開發政策規劃的考量中。

　　臺灣位於地震帶上且地質脆弱,興建水庫及攔河堰須克服泥砂淤積及工程安全問題。近年來氣候變異的影響更挑戰臺灣大型地面水利工程的適當性。臺灣水資源政策的工程思維反映了水利工程發展歷史脈絡及水利技術的政治性和權力網絡。水資源政策長期著重於水利署的工程開發,水利署的施政計畫經由水利專業的評估調查及層層機關的政策研擬,而後產出開發案計畫,民眾往往到了政策制定的後端才經由媒體報導接獲訊息。民間社會難以參與政策前端的影響評估及調查程序,常在獲知消息後,動員大量的社會資源與公民行動試圖阻擋或暫緩政策的推動。

　　公共議題往往夾雜多元的知識,必須尊重不同的知識觀點,建立嚴謹的評估機制、資訊透明化、課責性的實作,支持使用者社群或公

民自發的社群研究，並將公民納入同儕審查（peer review）機制中，有助於朝向科學民主化發展（Guston, 2004; Wynne, 2008）。當前面臨極端氣候挑戰下水文環境變化難以預測及掌握，水資源議題具有高度複雜性與不確定性。水資源政策規劃的初期即應擴大社會參與、促進政策利害關係人的持續對話以尋求共識，並發展民主的、多元的和多層次的風險評估，將倫理價值與社會文化面納入評估領域；擺脫水資源長期仰賴的工程慣性及水利專家治理的模式，並致力於推動科技決策過程的民主化。

參考文獻

立法院，2010，立法院公報第100卷第24期委員會紀錄。http://lci.ly.gov.tw/LyLCEW/lcivCommQry.action#pageName_searchResult=1，檢索日期：2012年11月15日。

李根政、林岱瑾，2004，《我們為什麼反對吉洋人工湖　採砂、取水，無限成長的不歸路？》。高雄：高雄市教師會生態教育中心。

李根政，2005，〈從反對湖山水庫、吉洋平地水庫的運動歷程反省政府的水資源決策與民間運動歷程〉。《生態臺灣》6: 70-76。

苦勞網，2011，〈美濃反水庫、終止吉洋湖　美濃鄉親立法院記者會〉。http://www.coolloud.org.tw/node/61245，檢索日期：2012年5月5日。

經濟部，2002，〈臺灣地區水資源開發綱領計畫政策評估說明書〉。臺北：經濟部。

經濟部水利署南區水資源局，「高屏大湖工程計畫——計畫緣起」。http://www.wrasb.gov.tw/business/business01_detail.aspx?ShowNo=117&no2=105&no3=43=&wid=122，檢索日期：2012年6月25日。

劉力仁，2013，〈高屏大湖環評審查　環評委員退回〉。http://iservice.libertytimes.com.tw/liveNews/news.php?no=777314&type=%E7%94%9F%E6%B4%BB，檢索日期：2013年3月15日。

環境報導，2011，〈反不當開發吉洋人工湖、美濃水庫　水利署：南部要有備用水源〉。http://shuchuan7.blogspot.tw/2011/05/blog-post.html，檢索日期：2012年7月3日。

鍾聖雄，2012，〈高屏大湖再闖關　地下水疑慮難解〉。http://pnn.pts.org.tw/main/?p=38834，檢索日期：2012年9月10日。

Guston, D. H., 2004, "Forget Politicizing Science. Let's Democratize Science." Issues in Science and Technology 21(1): 25-28.

McCormick, S., 2007, "Democratizing Science Movements: A New Framework for Mobilization and Contestation." Social studies of science 37(4): 609-623.

Wynne, B., 2003, "Seasick on the Third Wave? Subverting the Hegemony of Propositionalism: Response to Collins & Evans (2002)." Social studies of science 33(3): 401-417.

Wynne, B., 2008, "Elephants in the rooms where publics encounter 'science'?: A response to Darrin Durant, 'Accounting for expertise:Wynne and the autonomy of the lay public'." Public Understanding of Science 17(1): 21-33.

第 5 堂課——
核四爭議

何明修 教授
國立臺灣大學社會學系

　　在2014年3月8日，全臺反核大遊行登場，就如同創下歷史紀錄的2013年一樣，主辦單位全國核廢平台規劃了臺北、臺中、高雄、臺東多場活動。但是由於天氣不佳，加上缺乏2013年時因為國民黨政府公投提案所營造出來的急迫感，使得2014年參與人數明顯下降，主辦者宣稱有13萬人參與，明顯比去年的22萬人減少。再者，在2013年反核遊行中，政黨與政治人物明顯退位，民進黨中央黨部下令各黨公職人員禁攜帶個人與政黨旗幟；但是在2014年的活動中，許多政治人物（包括國民黨籍），尤其是有意參與年底七合一大選的候選人獲得上台致詞的機會。在去年反核意志強而有力的呈現之後，行政院長江宜樺被迫回應，他指出「這是一場令人感動的公民運動」；但是在2014年，連這種客套話都省了，似乎意味著2014年這場遊行根本不足以引發官員的回應（Ho, 2014）。

　　然而，在2014年的308大遊行落幕10天之後，反服貿協定的太陽花學運猛然爆發，學生、NGO與市民占領了立法院24天，形成臺灣有史以來規模最大的社會運動事件，也引發國民黨政府的政治危機。在太陽花學運和平落幕之後，卻出現意想不到的發展。一方面由於公民社會與青年的參與風潮高漲，再加上國民政府正當性受到學運的嚴重挑戰，一股社會不滿到處彌漫，隨時有可能被點燃。在4月10日學生撤出立法院之後，陸續發生了411上千人「路過」中正一分局、416臺南新化500位農民抗議龍燈化學工廠設置、417上千人聚集環保署抗議台13線工程危害石虎等事件。其次，林義雄在4月15日發表「落實民主、停建核四」的公開信，決定在一週後開始禁食，抗議國民黨政府持續興建核四的立場。在原先，林義雄的公開信是3月中旬完成，預計在24日進行禁食，但是由於學生占領立法院而先行擱置。後來儘管反核團體與民進黨方面都曾試圖勸阻林義雄，但是在其強力堅持下，22日開始在臺北義光教會進行禁食。如此一來，從422到428一週期間，掀起了新的一波反核高潮，在這股壓力

之後，國民黨政府被迫同意核四案「局部停工」（亦即是一號機完工存封，二號機立即停工）。

如此結果並不能滿足反核人士立即廢核四的要求，因為存封並不代表廢除，而且未完工的二號機也可能再續建。但是相較於先前國民黨政府的堅定擁核立場，已經算是取得了重大的勝利。在2014年初，經濟部長指出，預計在6月核四安檢之後，插入燃料棒試運轉，彷彿在2013年完全沒有提到公投案。在一週之內，隨著全國各地抗議怒潮的湧現，國民黨政府的立場出現了兩次調整。在22日林義雄禁食第一天，馬英九提出「沒有核安，沒有核四，沒有核安，沒有公投」的說法，仍是重申核四安檢之後立即運轉。

接下來，在24日（禁食第3天），國民黨團與行政院共同決議：「核四先完工、再安檢、由公投決定是否要插燃料棒」，換言之，原先被偷偷丟掉的公投再被拿出來。到了27日（禁食第6天），國民黨縣市首長會議，最後決定「核四一號機不施工、安檢後封存；二號機全面停工」。因此，儘管江宜樺事後宣稱「停工非停建、沒有重大政策改變」，試圖用文字遊戲來掩飾政府被迫退讓的窘態，但真正的情況是，在急遽且強大公民社會動員下，政府小退了兩步，至少解除了核四廠2014年立即運轉的危機。儘管核四已經完成了半套，但這畢竟是在2000-2001年民進黨政府「百日廢核四」風波之後，首次以由下而上的力量來推動核四停工。反核運動能夠克服不利的政治局勢，獲得這樣戰果，是十分不容易的。

進一步來看，2014年4月下旬的反核運動主要可以分成兩條路線：第一條路線著眼於核四公投，尤其是民進黨主導的降低公投門檻運動；第二條路線要求立即停工，主要是由NGO、青年、獨派團體所發動的各種激進程度不同的抗議活動。到最後，國民黨政府擋住了調降公投門檻的攻勢，但是卻同意局部停工。

首先，在核四公投方面，在林義雄宣布禁食之後，民進黨加緊了反核的動作。在2014年4月16日，民進黨中常會通過「二〇一四終結核四」行動方案，提出《核四公投特別條例》，比照離島博弈公投，排除現行《公投法》需過半全國人民投票的高門檻，改以簡單多數決，並且要求公投主文改以可呈現正反意見的方式。在蘇貞昌宣布不競選連任黨主席之後，他獲得了更多自由活動空間，接連會見國民黨重量級人物，商討核四問題。同年4月20日，蘇貞昌會見臺北市長郝龍斌，在會後記者會時，兩人表示「停建核四」為共識。同月21日，蘇貞昌會見行政院長江宜樺，兩人針對核四公投交換意見，但是公投的門檻、時間沒有定論；同時，江宜樺也拒絕直接宣布核四停建。同月23日，蘇貞昌會見新北市長朱立倫，雙方都同意現行公投門檻應修正。同月25日，蘇貞昌與馬英九見面，結果雙方激辯90分鐘，關於核四是否應停建、公投程序是否修改，完全沒有共識。

在立法院，民進黨黨團嘗試將《核四公投特別條例》逕付二讀，但是受到國民黨反對。最後，僅同意付委審查，實際上毫無進展。在同年4月27日，民進黨決定讓步，將門檻限制由無門檻的簡單多數決改成百分之二十五；但是國民黨方面仍不接受。

修改《公投法》，並且透過公投來反核四，長期以來都是一些反核團體的主張，其中包括林義雄在1994年所創立的核四公投促進會，他本人四度在1994、1997、2002、2003年都發起千里苦行。在2014年4月16日，臺灣環保聯盟提出三方案解決核四問題，其中就包括「修正鳥籠公投，再交由立委提出核四公投案，由全民投票決定」。在同年4月30日，由環保聯盟所主導的臺灣反核行動聯盟也宣布支持民進黨版的《核四公投特別條例》。至於由綠色公民行動聯盟所主導的全國廢核行動平台，則提出他們的公投修正案版本，其中包括廢除公審會、大幅降低提案、連署、效力門檻、取消失去權效的規

定、聽證與強化資訊公開、要有人權保障機制等。換言之，儘管反核團體對於是否要採用公投來決定核四存廢，是否要特別立法有不同看法，但是對於現行的「鳥籠公投」之缺失，卻是有共識的。

最後，即使現行公投制度是有明顯偏差，公投仍是反核運動堅持不肯放棄的路線。從 2013 年 5 月起，臺灣反核行動聯盟就提出的「你是否同意新北市台電公司核能四廠進行填裝核燃料棒試運轉？」在四月反核風潮之前，仍然離連署門檻有兩萬名之遙。到 2014 年 4 月 28 日，乘著反核風潮，該項公投連署終於突破了十萬門檻。只不過，在同年 8 月 22 日，行政院公投審議委員會仍然否決了該公投案。

其次，在林義雄禁食的刺激下，反核團體也加緊了動員，要求立即停建核四。其中規模比較大的活動包括：

(1) 2014 年 4 月 24 日晚上，民進黨發起「停建核四：一人一叩、守護生命」，請民眾自凱道沿著信義路一路牽手到林義雄禁食所在地義光教會，約有 4 千人參加。

(2) 2014 年 4 月 26 日上午的「核輻大逃殺」反核路跑，由爸爸非核陣線、臺灣環境保護聯盟、民進黨舉辦，約有 7 千人參加。

(3) 2014 年 4 月 26 日晚上的「全民守護廢核決心」晚會，由全國廢核平台舉辦，約有上萬人參加。

(4) 2014 年 4 月 27 日下午到 28 日凌晨的「停建核四、還權於民」遊行活動，主辦單位是全國廢核平台，有近 5 萬人參加。後來群眾更發起「占領忠孝西路」活動，在凌晨被臺北市警方用水砲強制驅離。

上述的活動都是在臺北進行，但是近年來反核四風潮也蔓延到臺北以外，全臺各地都出現了各種各樣的聲援活動，舉例而言：

(1) 2014 年 4 月 19 日：

馬英九在臺東縣遭到反核人士抗議。

(2) 2014 年 4 月 21 日：

高雄市美麗島捷運站繫反核黃絲帶。

(3) 2014 年 4 月 22 日：

宜蘭縣綠博園區非核家園幸福樹祈福活動。

新竹市東門護城河點燭光靜坐。

嘉義市「反核四、反服貿」行腳。

彰化市靜坐。

臺南市成功大學南榕廣場靜坐。

高雄捷運美麗島站、巨蛋及三多商圈朗讀臺灣版反核繪本。

(4) 2014 年 4 月 23 日：

基隆市靜坐。

宜蘭縣慈林教育基金會繫反核黃絲帶。

桃園縣龍潭鄉核研所貯靜坐。

花蓮市自由廣場靜坐與連署。

臺中市黨部前廢核宣傳活動

嘉義市反核遊行。

澎湖縣馬公市靜坐。

(5) 2014 年 4 月 24 日：

雲林縣斗六市柚子公園靜坐。

高雄中山大學與師範大學學生抗議，將國旗換上反核旗。

屏東縣潮州公園繫反核黃絲帶。

(6) 2014 年 4 月 25 日：

基隆市海洋廣場繫反核黃絲帶、連署。

臺南市火車站連署、臺文館前靜坐。

　　上述事件是整理自媒體報導，可以發現大部分都是屬於自發性、小規模的聲援，主要是採取軟性、表達關懷的活動。另一方面，在這一波反核動員中也有些團體是採取激進的抗爭方式，試圖向施政者直接施壓，達到停建核四的目標。在 2014 年 4 月 22 日，公投護臺灣聯盟（公投盟）號召反核群眾包圍立法院，從上午開始，上百名群眾試圖突破重重拒馬，在鎮江街、青島東路、濟南路、林森南路等地阻擋餐飲送至立法院、也不讓立委離開立法院。抗議者宣稱，讓立委好好在立院內審法案，沒審好之前，不能離開，也不能吃飯，結果被警察強力排除。接下來一整天人群依舊聚集在立法院周圍，不斷有人抗議。包括蔡丁貴在內，有多人被捕與偵訊。同月 25 日，包括公投盟在內的獨派團體發動包圍立法院，下午發生與蔡正元座車衝突。同月 29 日，公投盟號召群眾包圍立法院，在衝突中有 11 人被逮捕了，傍晚約有 500 人占領忠孝東路與林森南路路口，試圖癱瘓交通。隨著林義雄禁食時間拉長，有些獨派團體更揚言，如果林義雄不幸倒下，他們將「放棄非暴力抗爭，採取積極有效的抗爭手段」。

　　一般而言，包括公投盟在內的獨派團體往往是各種社會抗議的「衝組」，因此，他們採取激進的抗爭，並不太令人意外。比較值得注意是，以往反核運動都是中產階級所領導，因此大部分由 NGO 所發起的活動通常是屬於比較溫和的。但是由於國民黨政府遲遲不肯回應高漲的反核民意，他們開始採取更激進的公民不服從，由全國廢核平台發起的 427 占領忠孝西路即是明顯的例子，當晚留下來與鎮暴警察對峙即是受到太陽花學運所啟發的青年與獨派分子。

總之，在林義雄禁食抗議的推動下，反對黨、反核團體、獨派團體等共同推動一波強大的反核動員風潮，分別透過體制內外、溫和或激進等方式，來推動停建核四。儘管他們的努力沒有真正促成核四案的終結，但是他們畢竟迫使擁核的國民黨政府讓步，避免核四廠在今年完工與運轉。

爭議點之一：核四是否要公投？

在2013年之前，核四公投的議題曾冷卻了一段期間。從1994到1998年間，貢寮鄉、臺北縣、臺北市、宜蘭縣政府曾舉行過四次的「公投」，都是在民進黨執政的首長支持下才有可能的。民進黨政府在2001年續建核四之後，曾向反核人士承諾會將核四付諸公投。儘管公投程序終於在2003年獲得法制化，但是民進黨的保證卻跳票了。在2004年的總統選舉中，陳水扁提出了兩項頗具爭議的公投選項，分別是關於兩岸關係與國防採購，但是核四案卻不見蹤影。在野陣營試圖杯葛這兩項公投，但是被忽略與冷落的則是反核人士，他們的聲音被淹沒在政黨鬥爭之中。相對於此，國民黨則是向來排斥採用公投，無論是對於核電或非核電的議題。

隨著福島事件後，國內反核聲浪高漲，民進黨在2013年1月宣布，將要發起核四公投，希望能在2014年底的七合一選舉中一併舉行。由於既有的《公投法》規定高門檻的程序，因此，如果不與全國性大選合併舉辦，過關的機會是不大的。但是即便如此，民進黨仍是犯了兩個嚴重的錯誤。首先，民進黨沒有與反核運動者事先商量，因此他們對於這樣的宣布感到不滿，認為民進黨根本是想要利用反核來累積政治資本。其次，根據當時的預估，核四廠到了2014年底應該就已經運轉，這使得公投看來是沒有必要的。因此，民進黨的失策加

深了反核運動者的懷疑：民進黨並不是真正關心核電廠的危害，而只是想要從其中獲得政治利益。換言之，2014年的公投提案根本無法阻擋核四，而只是為民進黨增加選票。面對黨內外的批評，蘇貞昌很快地就放棄了這個想法。結果沒有想到向來排斥核四公投的國民黨卻接受了民進黨這個未經深思熟慮的提案。

在2013年2月，新上任的江宜樺內閣計畫在夏天舉行公投，民進黨缺乏領導能力的窘境更形惡化。民進黨菁英深知，這是一個國民黨故意設下的政治陷阱，要拉民進黨去打一場非常有可能失敗的戰爭，因此，民進黨一開始就陷入兩難，無法決定是否同意國民黨的作法。如果民進黨堅持公投路線，高門檻的制度設計將使民進黨面臨政治挫敗；如果民進黨反對公投，那麼他們就坐實了「葉公好龍」的指控。由於現行的《公投法》有高門檻的限制，要有高達50%的投票率，公投案才能成案；而且，過去六項全國性公投都因為投票率不足而失敗。因此，國民黨政府的公投提案，被視為一記精打細算的政治策略，目的在於阻擋高漲的反核聲浪，同時也一併坑殺民進黨。

此外，江宜樺的精心算計也能夠移轉國民黨立委所背負的擁核壓力。在2012年底立法院審查101億元核四追加預算，當時在野黨提出刪除動議，表決結果45贊成刪除，47反對刪除。當時國民黨用黨紀要求，才勉強保著核四預算。在國民黨立委中唯一支持刪除是丁守中，有許多人是投棄權票。但是值得注意是，許多投反對票的國民黨立委都否認自己是擁核的，《新新聞》以「47壯士」來描述這些支持核四的立委，在該媒體訪問時，他們紛紛提出一些奇怪的理由，例如有人宣稱是「投錯票」。很顯然，江宜樺的公投提案也試圖為國民黨立委移轉壓力。

根據國民黨的原初設想，如果由黨籍立委提出，可以不經公審會直接送中選會，可以避免核四預算案中的記名表決。因此規劃9月完

成公投，之後再審核四預算。因此，國民黨立委李慶華提出核四公投主文「你是否同意核四廠停止興建不得運轉？」但是民進黨立委不配合，不願扮演反方討論，而國民黨立委又不想要以反方立場與支持方行政院進行辯論。同時，民進黨也要求先降低公投門檻，再來處理核四公投案，他們積極阻擋國民黨版的核四公投案，這使得國民黨無法速戰速決。在2013年夏天的立法院臨時會中，又因為洪仲丘案所引發的白衫軍抗爭，使得國民黨無法強力通過，公投在年底之前已經是不可能的。

到了2014年初，隨著年底七合一大選的到來，國民黨對於核四公投案有了明顯的立場轉變。相對於去年的積極推動，在2014年初，江宜樺的施政報告中完全沒有提公投。接下來，經濟部長也宣稱最快年中，核四就要完成安檢，進行運轉。換言之，國民黨在2013年想要公投，但在2014年卻拒絕進行，根本就是要以拖待變，堅決捍衛核四。對於江宜樺而言，如果能借用不合理的《公投法》規定，一併坑殺反核運動與民進黨，是最理想的結果；如果無法達成這個目標，至少可以拖延到核四完工甚至是運轉，到時就沒有要不要公投的問題了。因此，可以確定的是，國民黨突如其來的公投提案是一樁政治陰謀，從頭到尾就沒有打算讓人民有權決定核四的未來。只是國民黨萬萬沒有想到，陰險的伎倆會被奮起的臺灣公民社會所擊潰。

爭議點之二：日本安倍模式能運用於臺灣嗎？

在日本，目前沒有新興建中的核電廠，因此爭議主要是關於既有的核能設施。福島事件是發生在民主黨主政時期（2009-2012），事後全日本仍可以運作的48座反應爐（原先是54座，其中6座是位於福島第一原子力發電所）曾兩度全部停爐。在菅直人首相任內，也曾決定要在2040年核電歸零。但是在2012年初，安倍晉三帶領自民黨取

得政權之後，出現了重大的逆轉。安倍主張，在通過安全檢查之後，將重新啟動封存的反應爐。原先堅持反核立場的地方首長也改變立場，同意反應爐重新商轉，例如在2013年9月，新潟縣政府核准了東京電力公司所屬柏崎刈羽原子力發電所之安檢申請案，而柏崎刈羽事實上是全世界規模最大的核電廠。在2014年2月，自民黨政府提出新版的能源計畫草案，其中明確指出，核能是重要的基載電力來源，徹底推翻了先前民主黨政府時期的規劃。2014年7月，日本原子能規制委員會宣布，正在進行位於鹿兒島縣的川內原子力發電所之安檢，因此，川內非常有可能是第一座被重新啟動的核電廠。

與臺灣一樣，福島事件帶來日本反核民意的高漲。在2013年6月，《朝日新聞》民調顯示，有59%受訪者不支持安倍政權的核能政策。在2014年1月，共同通信社的民調指出，60%受訪者反對重新啟動核能反應爐。在日本，2012年7月，東京都代代木公園的反核示威也吸引了17萬人參加。根據Aldrich（2013: 255-260）的分析，近年來日本的反核抗議已經是戰後難得一見的規模，僅次於1960年代的反美日安保鬥爭。

馬英九政府所謂「沒有核安、沒有核能」的說法，是直接套用安倍內閣的處理方式，都無視於國民強大反對意見，強制推銷核電。

　　儘管臺灣與日本都是自給能源缺乏的國家，但是核電依賴度卻有明顯不同。在目前臺灣的裝置容量，核能只占了17%；但是在福島事件之前，核能提供了超過30%電力來源。

在2011年之後，由於許多反應爐被關閉，日本被迫大量進口各種化石燃料，這也加劇了近年來貿易的入超。因此，在邁向非核家園上，臺灣所面臨的挑戰較小。更重要的是，日本的核電爭議並不是新核電廠的興建或啟用，而是原有反應爐的重新啟動。但是臺灣的核四廠不斷爆出各種工程疏失與弊端，其安全性倍受國人質疑。政府官員過去被認為是特意為台電護航，但是近年來原能會對於台電核四工程也屢有不滿。在2011年8月，原能會副主委謝得志因核四監督問題請辭下台。在2013年8月，經濟部所聘請核四安檢顧問林宗堯揭露核四工程重大的缺失，後來中止了政府的委任工作。在臺灣，甚至出現了「不反核、但反核四」的呼聲，可見得社會對於核四的普遍不信任感。因此，安倍模式在臺灣其實面臨了許多挑戰。

參考文獻

Ho, Ming-sho, 2014, "The Fukushima Effect: Explaining the Recent Resurgence of the Anti-nuclear Movement in Taiwan," *Environmental Politics* 23(6): 965-983.

Aldrich, D. P., 2013, "Rethinking Civil Society-state Relations in Japan after the Fukushima Accident." *Polity* 45(2): 249-264.

第 6 堂課——
苗栗苑裡反風車爭議

林子倫　副教授
國立臺灣大學政治學系

壹、反風車事件歷程

　　近年來，隨著環保意識的抬頭以及核電安全的爭議浮上檯面，政府開始大力地推廣再生能源。2011年11月政府宣布「千架海陸風力機」計畫為未來重要的國家能源計畫之一，預定於2020年完成陸域風力機450架以及海域風力機600架。鼓勵業者以區塊開發的方式申請，除了可達規模經濟的效益之外，同時也試圖藉此促進國內產業的發展（童遷祥，2012）。自2012年起，沿海的陸域風機已達330架，相當於每2.6公里就有一架，未來的陸域風機建造勢必越來越往居住區域靠近，也成為苑裡反風車事件的導火線。

　　德商英華威集團所屬之崎威與通威公司自2006年起，即在苗栗縣竹南、通宵與苑裡三地提出建造31架大型風機的計畫，隔年「通苑風場」通過環境影響評估，預計興建26支風機（包括通宵17支、苑裡9支），環評後經過調整，2012年英華威公司召開施工前說明會變為通宵15支、苑裡14支，整個事件逐漸演變成當地居民的大規模抗爭活動。苑裡鎮的沿海長度相較於苗栗其他臨海鄉鎮要短許多，約略只有兩公里，通宵則有十五公里。換言之，倘若風機以等距離的方式架設在沿海地區，苑裡鎮沿海每140公尺就會有一架風機。考量到風機與風機之間過近可能會產生的炫影和葉片斷裂等危險，以及必須要距離主要幹道一段距離，最終選擇的位置多分布在西濱快速道路以西（孫窮理，2013）。圖1為2013年通苑風場預定圖，大致標示風機預定地與地方聚落的距離。

　　苑裡居民於2012年10月28日成立「苑裡反瘋車自救會」，根據自救會所發表的聲明指出，苑裡居民並不反對綠能、也不反對興建風車，而是反對風車與住宅的「距離」。自救會的幹部陳薈茗表示，當地居民在施工前的說明會才得知英華威公司要興建高達40層樓（120

公尺）的風車，而且距離有人在使用的農舍、工作室以及住家僅僅60至250公尺。居民在親自參觀過鄰近的大甲與大安風場，深深覺得不能接受長期性的噪音干擾，因而開始組織地方性的抗爭與宣導活動。居民除了擔憂低頻噪音之外，也擔心風車距離產業道路不到20公尺，可能會有零件掉落，以及風車可能會加劇當地的沙塵堆積等潛在問題，但是英華威公司的回應及處理並未化解居民所提出的疑慮。

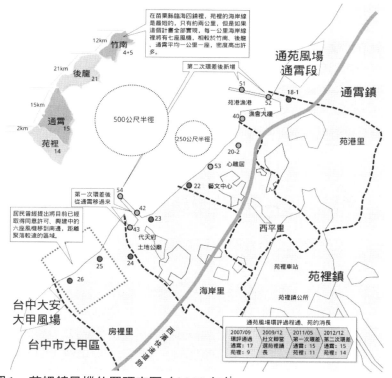

圖1　苑裡鎮風機位置預定圖（2013年）[1]

圖片來源：（孫窮理，2013）。

1　圖中紅色的點代表已通過環評，可以立刻動工的6支風機。

　　2013 年 2 月，英華威公司在警力的保護下開始動工，此舉造成嚴重的警民肢體衝突，多名抗爭民眾被捕，直至 2014 年 1 月共計有 34 人被以強制罪起訴。苑裡的反風車行動於 2013 年 4 月的絕食活動開始躍上媒體版面，在學生團體與在地居民的持續堅持下，能源局開始介入協調溝通地方與產業間的矛盾，2014 年 7 月英華威公司在已動工的風機中以拆二留二的方式與自救會達成協議。其中，被拆除的分別是離苑港里居民較近的 18-1 和鄰近海岸里土地公廟的 24 號風機，留下的 25、26 號風機也往南部距離聚落較遠的區域遷移，至此抗爭告一段落。之後，自救會轉型經營在地發展，透過廟會活動、舉辦親子活動凝聚地方感情，並且投入 2014 年的七合一選舉，由自救會幹部之一的陳薈茗當選西平里里長。希望藉由參政的方式得到穩定的政治資源，因為風機架設需要通過當地里長的同意，這也讓自救會保有未來對風力發電的發言權。

貳、風險治理與溝通之爭議

一、風力發電機安全距離規範之爭議

　　綜上所述，苑裡反風車事件的重要關鍵即在於雙方對於風車預定地的看法歧異，並且缺乏確切的法律規範作為判斷基礎。為了避免風機所帶來的炫影、噪音污染，以及可能的倒塌，反瘋車自救會認為，應依據美國明尼蘇達州商業部整理的「各國風力發電政策管制與建議」（Haugen, 2011），各國有管制或建議風力發電機組設置距離者，最低安全距離，至少應有 470 至 700 公尺。而其他各國的案例，以距離最近的德國漢堡市為例，也規定風機的建造離住宅最少要有 300 公尺，離聚落 500 公尺。但是考量到台灣地窄人稠的情況，能源局在與

多方利害關係人舉辦「風力機設置適當距離規劃政策案」公聽會時，不乏聽到業者提出對於台灣實施250公尺以上安全距離的可行性的質疑，台灣新能源產業促進會代表王雲怡表示，如果台灣以國際標準來訂定風力機的合法距離，目前規劃中70%左右的風力機將無法在臺灣興建，對於整體再生能源的發展是一大阻礙（經濟部能源局，2013）。英華威根據國際的風機運作經驗，指出目前全世界共有22萬台以上的風力發電機組，但從未傳出爆炸、零件掉落與倒塌傷亡的事故，因而建議臺灣免除硬性的距離規範，以噪音測試作為環評的基準。參酌與會人士的意見，經濟部能源局於2014年1月28日公開以下聲明：

> 「我國現行風力發電設置，應先取得行政院環境保護署通過環境影響評估核准文件及地方主管機關同意函等相關文件，送經地方主管機關核轉經濟部審查，經確認符合相關規定後，始核發籌創設同意函，說明如下：
>
> 　　1. 環評審查階段：依「開發行為應實施環境影響評估細目及範圍認定標準」第29條規定：任一風機基座中心與最近建築物邊界之直線距離250公尺以下，應實施環境影響評估。
>
> 　　2. 籌設許可審查階段：經濟部審查電業籌設許可申請之要件，除前述環評審查結果外，並要求「風機塔筒高度加葉片長度之距離」範圍內，若有住戶且設有戶籍者，應於申請施工許可時檢附開發單位與住戶所簽具之安全承諾協議書。
>
> 　　3. 施工與營運階段：風力機設置施工階段需符合「噪音管制標準」第6條之營建工程噪音管制標準值；另於營運階段需符合環保署「噪音管制標準」中之風力發電機組管制標準。」

　　然而，反瘋車自救會針對能源局的聲明表達其不同意見，自救會顧問王偉民認為，為了避免風機所帶來的噪音問題，應距離560公尺以上。雖然德國多份研究報告中指出，低頻噪音並不會對於人類生理健康產生直接的危害，但是並未確認對於心理與精神層面上的影響。自救會指出，風力渦輪發電機運作時，會產生所謂的低頻噪音（20-200 Hz 赫茲），經國外研究已明確定義由風力渦輪發電機產生之低頻噪音所致之身心理不適症狀稱為「wind turbine syndrome（風力發電渦輪機症候群）」簡稱『風車症候群』[2]。台大創傷醫學部醫師許立民指出，風機的低頻渦輪噪音，極易被人體警醒系統察知，嚴重影響睡眠與健康，長期累積會造成精神上的不安，睡眠過程不斷被超過40分貝的噪音干擾而驚醒或中斷，也會提高心血管疾病的發生率。[3]

　　除此之外，能源局的說明中也表示，住宅的認定係以設有戶籍者為判斷基準，如本次苑裡事件中部分農舍確實有民眾居住的事實，但並非設有戶籍的合法住宅，農舍是否屬於規範保護範圍內的合法住宅也需要政府進一步的釐清與討論。目前能源局對於風力機設置適當距離仍未有確切的法律規範，僅表示250公尺以下應實施環境影響評

2　國際知名醫學期刊《喉科學與耳科學》中，有一篇回顧性論文，題目是〈風車症候群：事實或虛構？〉，作者是2位耳鼻喉頭頸外科和1位神經外科醫師。他們回顧了近十年的相關文獻後發現，確實有證據指出，暴露在風車造成的低頻音波（infrasound）中的人，可能會對耳部引起特定的生理反應，包括耳鳴（tinnitus）、耳痛和眩暈症（vertigo）；這與令人不悅的噪音所帶來的壓力也有關連。而風車症的綜合性徵狀包括：睡眠障礙、頭痛、內臟振動和／或前庭功能障礙、眩暈、不穩、耳鳴、耳部壓迫感或疼痛、外耳道感覺、記憶與感知低下與失調、煩躁，憤怒、疲勞、失去活力等。（苑裡反瘋車自救會，2012。2014年12月1日取自：https://www.facebook.com/YuanLicarzywindmills?fref=photo 。）

3　洪敏隆、沈能元，2014，〈防噪音，風機應離宅500米遠〉。蘋果日報，http://www.appledaily.com.tw/appledaily/article/headline/20140505/35810646/ 。

估，對於噪音的規範亦仍局限於「噪音管制標準」之下，能源局表示對於已經興建完成的風力機具將既往不究，而規劃中的風力機則將持續與相關單位與團體進行溝通協調。

圖2　（資料來源：作者提供）

二、決策程序之利害關係人參與不足

　　英華威公司早於2006年即開始進行通苑風場與竹南風場的開發計畫，但是自救會之律師林三加表示，此一開發計畫環評通過超過三年都沒有開發，如果要持續開發，依據《環境影響評估法》第16-1條「開發單位於通過環境影響說明書或評估書審查，並取得目的事業主管機關核發之開發許可後，逾三年始實施開發行為時，應提出環境現況差異分析及對策檢討報告，送主管機關審查。主管機關未完成審查前，不得實施開發行為。」由於當初英華威公司將風場開發計畫送交環評是包含「通苑」與「竹南」兩個風場，在三年期間內通苑風場並沒有進行開發行為，而竹南風場有開發行為，英華威公司便據此並未提出環境現況差異分析及對策檢討報告。此外，依據《開發行為應實施環境影響評估細目及範圍認定標準》第3條第10項，擴增產

圖2　（資料來源：作者提供）

能百分之十以上。但空氣污染、水污染排放總量及廢棄物產生量未增加，經檢具相關證明文件，送主管機關及目的事業主管機關審核同意者，不在此限。林律師認為英華威公司將竹南與通苑風場合併計算，因此擴增產能並未達百分之十，但是僅以通苑風場來看，原訂26座機組擴增3座已超過百分之十，應重新提出環境影響評估報告，或至少應針對可能產生的噪音與影響檢附證明文件。而英華威公司則對上述自救會的看法持不同的意見。

自救會成員對於開發單位的不滿，部分乃由於資訊揭露之不足。居民認為在風場規劃期間，當地居民不清楚居住地即將進行區域性的風場規劃，也沒有接獲通知參與規劃說明會，無法在正式公開場合維護自身權益。雖然能源局在各方的要求下，於2013年8月舉辦了一場「風力機設置適當距離規劃政策案」之實驗性聽證會，促成各利害關係人更聚焦的溝通。然而，即使在2014年6月業者與居民達成階段性協議之後，當地居民仍存在不少疑慮，強調他們應有權得知審查的全盤面相，雖然居民並非專業的評估者，但卻是最直接的利害關係人。他們主張，決策過程應廣納利害關係人參與，而非由少數專家決定居民的未來。

參、綠能在地發展之困境

　　苑裡反風車事件凸顯綠能技術在地發展之困境，無論是安全距離規範、環評法令、政策誘因，其實都共同直指政府在能源政策上缺乏整體視野，也反映出當前科技治理與溝通模式的盲點。若再生能源是未來能源轉型的必經之路，則政府的角色至為關鍵。

　　如前述提及的風力機設置適當距離規範，經濟部能源局在多次的討論與協商後依舊沒有訂出一套妥善的規範距離，而僅以距離住宅 250 公尺作為需要提交環評的條件。同樣的問題反映在其他形式的再生能源，例如地熱的審查規範、生質能生產油脂作物的地點與比重，都欠缺明確的法律指引。除了民眾無法依法主張權益以規避風險之外，每件開發案件都被視為個案處理，缺乏國家整體能源戰略與視野，也阻礙了再生能源的發展進程。行政院於 2013 年發表的年度重大政策中便顯示，受限於客觀條件或技術程度，再生能源的發展進度仍未臻理想。且再生能源裝置所需要的空間，不論在土地取得或面對環境影響評估審查等方面，大多未有明確的審查標準及風險評估，政策規劃初期也缺乏有效地公民參與及風險溝通，導致再生能源建置的爭議不斷，地方政府也因為沒有一套可遵循的標準，而難以提供有效的補助與配套措施。

　　當代新興能源科技的發展，常常衍生出不同面向的社會、政治與倫理衝擊。無論是再生能源設施設置、場址選擇等，科技發展所引發的環境與社會變化，以及產業轉型和利益重分配等問題，皆凸顯出在科技發展與政策執行層面之外，許多資源、利益與風險分配上的爭議，都牽涉到「社會正義」、「社會接受度」等「非技術」之課題。科技、政策、社會／公眾之間的拉鋸與衝突，已成為影響能源科技發展與政策推動的重要關鍵。

肆、結語：能源民主的挑戰

　　美國能源政策學者 Roman Sidortsov 指出，現代社會面臨到的能源危機並不是能源短缺，而是對於能源風險的評估不完全、以及缺乏轉換能源危機的治理系統（Sidortsov, 2014）。此一能源治理體系的轉型，特別是能源結構轉型歷程中，可能帶動一連串政經社會變遷、以及相應的治理機制之調整，包括新興能源類型，特別是再生能源的生產與運用，將對整體社會帶來新的機會與挑戰；在去中心化的能源轉型過程中，新的制度與政策架構、未來願景如何形塑；在國家與地方的層次，各自存在什麼樣實踐上的阻礙；以及如何顧及能源轉型過程中的資源分配與近用的公平性等，這些課題都將是能源民主轉型的關鍵。

　　被稱為「雲德模式」的德國生質能源村──雲德（Jühnde），即是一個能源民主轉型的成功案例。在 2002 至 2004 年間，雲德成功地將一個德國村莊的暖氣和電力供應來源，從化石燃料轉變為生質能源。所有的居民早在計畫規劃之初受邀參與提供意見，透過各利害關係人之間對該計畫的資訊揭露、計畫願景的溝通、對未來期待的理解等，社區不但作出共同決定和提出問題解決方法，過程中也強化了社區資本和集體認同（林子倫、蕭伶玲，2010）。

　　事實上，社區型再生能源的發展趨勢，不僅是一項能源科技願景，更是一項社會工程。事實上，採用了某種發電技術系統，等於同時選擇了某種特定形式的公共生活安排。例如核電廠的建造運轉與輸送，必須依賴集中式的組織和專業技術菁英，伴隨著由上而下的集權式關係。分散式的社區再生能源發電的發展模式，轉移了傳統集中式電力系統的思考與設計，不但降低了電力輸送成本，能源取得也能自給自足。在這種能源發展模式與思考下，重新賦予民眾和社區自主權

與參與決策的管道，翻轉公眾依賴政府集權提供能源的傳統認知與權力關係。技術物本身的政治性，使得技術選擇同時也可能是政治抉擇，影響我們公共生活與政治運作的樣貌。

苑裡反風車的事件，顯示了「能源民主」的治理困境，特別是政策過程中是否確保民主正當性、公平性與納入在地觀點，促使能源技術在發展的同時，能理解身處的技術社會脈絡。我們可以觀察到，草根能量與公民參與，為這一波能源轉型發展的重要趨勢。社區的居民已然成為利益關係者之一方，而不再是旁觀者。這種變化，重新塑造開發者與在地居民的關係。引進社區共享所有權的能源發展模式，不僅有助於提高社區接受度，也同時振興了地方經濟與生活。透過在地的能源自主，讓民眾擁有影響能源政策的參與權，才能確保政策推動朝向能源民主的方向轉型。

參考文獻

林子倫、蕭伶玲，2010，〈雲德模式：德國生質能源村推動經驗〉，《能源報導》，7: 5-8。

林子倫，2014，〈公民參與再生能源發展：社區風電的運作模式初探〉。頁106-121，收錄於范玫芳等編，《公民能不能？——能源科技、政策與民主》。

孫窮理，2013，〈風機叢林——政治和運動：苑裡到底發生了什麼事？〉，苦勞網：http://www.coolloud.org.tw/node/73858，取用日期：2014年11月30日。

童遷祥，2012，〈陽光屋頂百萬座、千架海陸風力機計畫〉。中華民國經濟部能源局風力資訊整合平台：http://wind.itri.org.tw/Thousand/ThIndex.aspx 。取用日期：2014年11月30日。

經濟部能源局，2013。「風力機設置適當距離規劃政策案」公聽會聽證記錄，取自「全球風力發電產業動態（2013年8月）」。

Haugen, Kathryn M. B. 2011. *International Review of Policies and Recommendations for Wind Turbine Setbacks from Residences*. Minnesota Department of Commerce. Available http://mn.gov/commerce/energyfacilities/documents/International_Review_of_Wind_Policies_and_Recommendations.pdf

Sidortsov, Roman. 2014. "Reinventing rules for environmental risk governance in the energy sector." *Energy Research & Social Science* 1: 171-182.

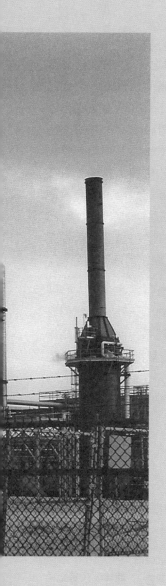

第 **7** 堂課——
石化空污管制困境
與社區行動科學的
啟發

杜文苓 副教授
國立政治大學公共行政學系

壹、前言

　　2015 年 2 月，中國媒體人柴靜發行《穹頂之下》這部紀錄影片，探討中國境內嚴重的空污問題。上網開播之際佳評如潮，但不到幾天的時間，就遭到中國官方的封殺，「穹頂之下」的夢魘留在現實生活中繼續發酵，也間接促使臺灣社會與媒體對於沈寂一時的空污議題再度關注。其中，空污指標的細懸浮微粒（PM$_{2.5}$）問題，曾在2010-2011 年間國光石化環評，以及台塑公司狀告中興大學環工系莊秉潔教授期間，得到社會高度重視。PM$_{2.5}$ 的揭露與討論，隨著霧茫茫天空罩頂的壓力，為肺癌率攀升的臺灣投下震撼彈，長期關注空污議題的環保團體，透過連續拍照、製作手冊、[1]升空污旗等結合校園環境教育，與政策遊說行動，[2]提醒民眾與當局正視空污危害問題。

　　臺灣空氣品質的廣泛討論，與石化廠的計畫與擴建有很大的關連。石化產業在臺灣主要有位於高雄地區的中油（三輕、四輕與五輕），以及位於雲林麥寮的台塑（六輕）等兩大體系。而彰雲與高屏地區這兩大區域，長期以來被環保署列為三級空氣污染防制區，[3] 癌症風險長期籠罩，石化業發展帶來的弊大於利，是生活中揮之不去的現實感。

1　參見台灣健康空氣行動聯盟／彰化醫界聯盟所製作的《PM$_{2.5}$ 與健康》，
　　http://www.slideshare.net/zoayzoay/2-pm-2597x210。
2　地球公民基金會新聞稿，2014，〈你看見空污旗了嗎？空污嚴重，新內閣踹
　　共！〉。地球公民基金會，http://www.cet-taiwan.org/node/2053。
3　參見王敏玲，2013，〈新聞界沒注意到的　懸浮微粒致癌〉。地球公民基金會
　　網站，http://www.cet-taiwan.org/node/1839。

一、高雄石化業的風險課題

　　以高雄為例，最引人注目的莫屬2014年8月的氣爆事故，這起造成30多人死亡，300多人受傷，氣爆沿線宛如戰場，更折損了多名消防與毒化防災人員的慘劇。在不幸事故發生後，國人才赫然發現，原來高雄市的精華街區竟座落在石化原料的輸送管線上，在地下管線資訊不明下，消防與毒災應變人員第一時間找不到漏氣源頭，大量液態丙烯汽化隨排水箱涵流動擴散，終釀成高雄市區三多、凱旋、光華、二聖等市區精華路段全面爆炸的慘劇。這起災害使國人驚覺石化業縱橫交錯的管線佈滿高雄市區，臺大公衛學院詹長權教授就指出，這樣的安排使高雄市各個行政區像是在石化工業區內的廠區，居民也同時承擔與石化廠區內工人一般工業等級的風險。[4]

　　事實上，石化業對高雄環境與居民健康的影響，在高雄長期石化發展的環境歷史脈絡早已有跡可尋。早在1968年中油在半屏山腳下興建第一座輕油裂解廠開始，空氣中揮之不去的臭油味成為當地居民揮之不去的夢魘。1987年的反五輕運動，高雄後勁的激烈抗爭，甚至被當局抹黑為環保流氓，但後勁居民多年來持續要求政府必須遵守2015年的遷廠承諾。而近年來高雄地區飽受傳統工業污染問題，還包含2008年潮寮毒災事件，[5] 以及2009年台塑仁武廠污染事件等，[6] 這些污染災變皆可見證高雄地區的石化風險危害問題。

4　詹長權，2014，〈詹長權觀點：石化原料管線不該進市區〉。風傳媒，http://www.stormmediagroup.com/opencms/review/detail/472a7e37-1ab4-11e4-8645-ef2804cba5a1/?uuid=472a7e37-1ab4-11e4-8645-ef2804cba5a1。
5　呂苡榕，2009，〈2009新聞回顧：潮寮毒氣案求償〉。環境資訊中心，http://e-info.org.tw/node/49457。
6　行政院環保署土污基管會，〈台塑仁武廠污染事件Q&A〉。取自 http://ivy5.epa.gov.tw/enews/fact_HotFile.asp?InputTime=0990707173950。

　　做為石化產業的發展重鎮,高雄的空氣品質在全國區域評比中一直是屬於嚴重不良影響區域,其中細懸浮微粒監測值濃度更是居高不下。根據環保署資料顯示,2013 年,高屏空品區 PSI(空氣污染指標)大於 100(達空品不良標準)的比率為 3.75%,為全臺空品區中最高。而地球公民基金會於 2014 年 11 月 3 日起,與左營區的文府國小及小港區的港和國小共同舉辦為期 1 個月的「校園空污旗」活動,卻發現國中小辦理運動會的旺季 11、12 月,短短 20 天的上課天,竟有 12 天需升空污旗,[7]民間團體因而高度懷疑,「北高平均餘命相差四年」與空氣污染有關。

二、六輕的空污影響

　　把焦點轉到中部的彰化雲林地區,六輕自從在雲林麥寮沿海落腳成立以來,運轉至今已二十餘年,在擴廠計畫不間斷下,這個南北長約 8 公里,寬約 4 公里的人造島,已成為世界數一數二的石化專區。不過,六輕自 2010 年起,爆發多起工安與公害事件,引發社會高度關注。爾後更因擴廠環評、空污引發的健康風險爭議、以及狀告環工學者等作為,引發外界高度檢視。

7　地球公民基金會指出,秋冬季節空氣中懸浮微粒過高,其中 $PM_{2.5}$ 濃度過高,對發育中的國中小兒童影響甚大,因而發起「校園空污旗活動」,由學校參考環保署空氣污染指標 (PSI) 及細懸浮微粒濃度($PM_{2.5}$)指標,在 PSI 大於 100 時,或 $PM_{2.5}$ 指標進入第 4 級時,細懸浮微粒濃度已達 36 $\mu g/m3$ 以上(空品標準 35 $\mu g/m3$),升起示警的紅旗,提醒師生留意空氣品質變化,適時戴口罩防護或減少戶外活動作為防範。相關訊息可參見地球公民基金會新聞稿,2014,〈你看見空污旗了嗎?空污嚴重,新內閣踹共!〉。地球公民基金會,http://www.cet-taiwan.org/node/2053。

有關六輕的風險爭議從未間斷，地方長期抱怨六輕附近空氣品質惡化，學童戴口罩上課新聞屢見不鮮。工安問題發生頻仍，周遭環境、農業生產與居民健康品質下降已成為濁水溪南岸的註記。近年來臺大公衛學院的詹長權教授所發表六輕對雲林居民健康影響的報告也顯示，居民尿液檢測中的重金屬與有機致癌物含量與六輕距離成正比。詹長權團隊與國衛院的團隊發現，在六輕附近就學的國小學童，尿液中皆測得到塑膠重要原料氯乙烯的代謝物 TdGA，體內存有一級致癌物氯乙烯單體（VCM），一些測值濃度並直逼高暴露勞工，[8] 顯示了附近居民受到石化工業的影響。而僅一河口之隔的彰化大城，也於 2015 年驚報居民的血液與尿液重金屬含量超過麥寮居民，深受來自六輕的南風吹拂之害。其實 2013 年出版的《南風》一書，已具體而微地呈現那受到六輕 398 支煙囪影響彰化沿海小村落的悲哀（鍾聖雄、許震唐，2013）。只是彼時存於影像中的影響，仍有科學證據未及的黑盒子。[9]

貳、空污的健康質問與科學證據

　　高雄與雲彰等地多年來深受石化污染所害，相關風險爭議的爆發皆非一次性事件，在地居民有強烈的風險感知，卻常苦無污染直接關連證據，可以要求污染者進行防治與改善。例如，上述國小學童暴

8　可參見張文馨，2014，〈六輕污染　學童一級致癌物爆量〉。風傳媒，http://www.stormmediagroup.com/opencms/event/card_stacks/FPCC_Cancer/index.html 以及國家衛生研究院網站上 2014/8/18 所張貼之〈給許厝國小家長的一封信〉。取自 http://www.nhri.edu.tw/NHRI_WEB/nhriw001Action.do?status=Show_Dtl&nid=20140818367506550000&uid=20081204954976470000。

9　有關六輕對於彰化的影響，也可以觀看公共電視 2014 年 11 月 24 日播出的《我們的島》第 784 集《家變——當大城遇上麥寮》。

露於毒物風險被揭露後，地方政府決定遷離學童至舊校區，這個決策
顯示，降低風險危害的方法是請學校遷移，而非工廠的污染改善；又
如，高雄空污嚴重，但空氣中究竟涵蓋什麼物質？誰應負責？至今似
乎都還不見對策。這些地方居民具有高度風險感知，卻發現既有管制
科學與政策法令，甚至相關環境資訊，甚少可以回應地方的憂慮。

　　的確，面對民眾的污染質問，現行的管制政策卻無法做出太多的
承諾。環境管制單位常常以科學不確定、還需要更多的評估、調查與
研究、或致癌物來源多重等來回應民眾的憂慮。以六輕旁的橋頭國小
許厝分校爆發高濃度致癌物暴露值的爭議為例，當家長看到孩子被驗
出濃度甚高，卻表示「博士一再強調全世界都沒有正常值，我們也不
知道這樣的數字到底嚴不嚴重，聽起來好像問題不大，所以『應該沒
關係吧』？」而國衛院研究員強調 TdGA 與學童「空氣、水質、食品
容器、塑膠袋……」有關；台塑集團也表示，六輕旁學童體內致癌物
較多，可能是吃維他命、吃塑膠袋內的食物、吸二手菸等生活習慣造
成。雲林縣衛生局則回應，需要更多調查來瞭解問題。[10]

　　污染暴露與健康環境影響間的因果關連總是爭議不斷。已有研究
顯示，即使鄰近社區居民（包括雲林沿海鄉鎮與彰化大城）針對六
輕工安所造成的農損與健康（罹癌）危害指證歷歷，但「科學證據」
總難以顯現直接之因果關係（杜文苓、施佳良，2014）。而攸關六輕
擴廠環評能否通過的 VOCs（揮發性有機化合物）總量數值，經過多
年的討論、專案會議審查，計算方法尚未能得到共識，但只要 VOCs
數據未能取得「科學專業審查」的共識，就無法採取有效的管制行
動，無形中也提供污染者可以繼續生產、營運與擴建理由（杜文苓，
2014）。

10　原文可參見吳松霖，2014，〈這份報告的曝癌風險　嚇壞家長！〉，自從六輕
　　來了電子報，http://fpccgoaway.blogspot.tw/2014/09/blog-post_93.html 。

顯然地，現行法律所規範的方法與項目並無法完全有效掌握開發單位的排放現況與涵蓋最新的風險預防知識，行政機關在推估與掌握污染數據時，更受制於科學的可行性、以及人力、財政資源的分配窘境，而無法釐清污染排放的真實現狀（杜文苓、施佳良、蔡宛儒，2014）。但石化廠區附近的居民與鄰近的國小學童，卻在不確定的風險數值下，成為承受廢氣排放的白老鼠。在有限的風險管控能力中，石化廠的運作，成為地方居民健康安居不可承受之「輕」。

參、培力社區行動科學 重新界定空污問題

　　要求污染者提供確實的污染數值，作為環境評估裁罰的基準，運作邏輯上即充滿了挑戰。而獨獨仰賴政府的管制與專家的判斷，更有上述行政與科學現實運作上的難題。要改善我國對石化產業的風險管控能力，我們有必要跳脫受污染者操弄或狹隘的科學推估模式，重視在地風險感知與經驗知識，尋求更為周延、涵蓋最大可能性的方法，來探索與驗證環境現況。

　　國際社群在最近一、二十年間，發展出結合公民科學與常民知識所建構的社區混合知識，在制度內外運作，與環境健康正義運動相互牽引發展，嘗試衝擊傳統掌握科學與技術的權威力量，值得臺灣政府、科學社群與草根社群進一步關注與參考。以美國紐約地區河川污染「街頭科學」的研究為例，地方團體發現美國環保署在評估食物中有毒物質累積時，僅採用美國東北部典型飲食型態作為資訊基礎，而低估了常直接食用受污染河川中魚類且不會英文弱勢新移民的飲食風險。環境團體「守望人計畫」（Watchperson Project）的質疑與行動，促使了美國環保署同意將附近捕魚的居民納入調查資料範圍，

圖1　波特蘭大學學生與社區居民將空氣採樣裝置架設於國小校區，為社區參與空氣監督的運作型態

（資料來源：地球公民基金會研究員林心乙攝）

並將調查資料使用於風險累進暴露評估之中（Corburn, 2005）。

除了「街頭科學」外，近幾年在美國以及世界其他二十幾個國家，更發展出以社區為主的行動科學，或稱公民科學，使在地社會獲得一個擴充知識基礎與科學能力的機會，並從挑戰污染運動過程中建立出社區所屬的知識網絡。O'Rourke與Macey（2003: 406）討論美國加州與路易斯安納州的社區參與空氣監督計畫（bucket brigades），運用一種材料便捷、使用簡易而低成本的空氣收集桶，發展出社區志願網絡與小型組織的支援系統，即時協助社區居民與管制單位掌握傳統固定空氣監測所無法提供的更細緻與更精準的資訊。雖然民間與官方對於資料蒐集、分析以及組織參與等還有許多歧見，但引進這類的公民科學技術後，促成了意外污染災害的減少。作者們認為，這類的公民空氣監測團隊計畫，不僅提供新的資訊來源，增進民眾社區意識，強化地方所主導之社區環境防護策略，更透過系統性空氣樣本採集的集體行動，促使工廠的空氣排放資訊更加透明，迫使企業負起污染責任，而環境監測的政策辯論，也從傳統技術性的風險取向，轉移到社區本身所定義的健康與生活品質論述。

Ottinger（2012）把這樣的公民科學技術放在知識生產的脈絡來看，主張「程序正義」（procedural justice）必須納入預應式的知識生

產體系中，以填補知識的
落差，以及提供社區在地
方經驗增強與變動的科學
知識環境中，對於污染設施
運作有持續的同意權利。
而創造社區空氣偵測系統
（Bucket Brigade community
air sampling system） 的
Denny Larson，於 2001 年設
立了全球社區監測（Global
Community Monitoring,
GCM）組織[11]，使上述公民

圖2　GCM 的組織者 Jessica Hendricks
向大學生示範如何使用空氣採樣裝置
（資料來源：地球公民基金會研究員林
心乙攝）

參與社區監督的技術，得以在世界其他角落加以推廣。這個著重於社
區參與的證據蒐集方式，成為受害居民迫使污染者與政府正視污染問
題的重要工具。

　　Scotta 與 Barnett（2009）研究南非德班的石化污染，即發現公民
團體運用「公民科學」策略，將空污議題納入政治議程。這類社區行
動科學在污染監測上的運用，使科學與常民知識在社會運動策略中被
交替使用，有效地揭露與批判工業污染排放與健康影響等問題；公民
科學成為一個在社區審議過程中的有力說服工具，促成社區動員以及
行動的正當性。他們的研究指出，這種結合公民科學（civic science）
與常民知識（lay knowledge）所建構的社區混合知識（community
hybrid knowledge），挑戰了傳統掌握科學與技術的權威力量，迫使國
家與企業正視空污問題，並進一步重新界定了南非德班的污染問題。

11　關於 Global Community Monitoring 組織可參閱其網站 http://www.gcmonitor.org/

　　上述的社區環境監督策略，嘗試回應傳統國家管控不力的限制，並思索打破公民參與環境檢測監督的技術門檻，主張奠基於科技民主的制度性規劃，可以豐富決策知識內涵，並增進科學專業知識的課責性與公共性。這類賦予社區參與環境監督管道與力量的策略，也促使政府與科學部門在健康風險評估的制度上，必須採取更開放的作法，檢視原有評估制度中隱而未顯的偏見，納入在地知識與強化公民參與，來修正傳統健康風險評估所看不到的問題。

肆、建構科學民主的環境治理典範

　　社區監測公民科學的發展，指向一個新的環境政策知識典範，即環境決策相關知識並不限於傳統一種普世性科學評估數據等實證資料的生產，而更需要針對知識主張的適切性、相關性與中肯性，進行廣泛的汲取與分析式的論辯。在此，促進社區知情與科學公共化的公民參與計畫，在增進環境政策知識內涵上扮演了貢獻性的角色，一方面提供社區居民有系統的掌握污染狀況，要求污染者更謹慎的面對環境問題，深化社區科學環境教育與促進企業社會責任；另一方面也透過更多元（且低成本）的方法，掌握污染樣貌，如平時監測儀器掌握不到的臨時大量排放問題，使低門檻的科技民主參與，成為提升環境科學專業度、公共性與課責性之助力。而近幾年公共實驗室（public lab）的設置，[12] 致力於發展低成本高品質的工具與技術，協助社區居民監測環境污染問題，都可以看到公民科學發展、擴散的成果。

　　誠然，將公民科學進行的社區污染監測資料納入決策一環仍面臨許多挑戰，如許多科學家、工程師或科技官僚，不一定願意或有能

12　有關公共實驗室的相關資訊，可參閱其網站 http://publiclab.org/ 。

力走出他們傳統的「專家」角色（Ottinger, 2011: 229）；如何在不同地方的污染問題、產業脈絡、法規限制下，選擇最能回應社區關切問題的工具與方式，以及即使在共同同意工具與方法使用之後，如何撥開資料詮釋的黑盒子等問題上，也還有面臨許多實踐上的難題（Ottinger, 2009）。不過，這些難題卻更刺激我們思考科技民主實踐的不同面向，以及環境治理多層而豐富的想像。

要讓公民科學在台灣有生根茁壯的機會，我們除了需要反省現行政策場域上僅與科學社群建立連結的傳統技術官僚決策模式，更要為打破知識藩籬，尋找與公眾共同生產適切環境知識的可行方案。透過規則與制度的改變，允許更多利害關係人的參與，提供專家與非專家的連結機會，以協助科學進行更切合在地需求的研究，提升環境治理的品質與課責性。國際社區環境監測科學的推動，證明了環境與科學民主的可行實踐路徑，但同時也說明了相關制度配套需要有更前進積極的作法，使相關技術發展，可以在經費、技術訓練、標準設定、參與程序、採樣品質，甚至在人才養成上，得到較好的支持而得以茁壯。

唯有在環境治理層面深化公民的民主與科學參與，竭盡所能地擴大環境知識建構方法論，我們或許才有辦法衝破目前單向度的貧乏治理困境，朝向科技民主與環境正義的社會邁進。

參考文獻

杜文苓，2014，〈六輕VOCs爭議與石化業管制俘虜課題〉。頁125-137，收錄於周桂田主編，《永續之殤——從高雄氣爆解析環境正義與轉型怠惰》。台北：五南。

杜文苓、施佳良，2014，〈環評知識的政治角色：檢視六輕健康風險評估爭議〉。《臺灣民主季刊》11(2): 91-138。

杜文苓、施佳良、蔡宛儒，2014，〈傳統農業縣的石化課題：檢視六輕環境爭議與治理困境〉。《台灣土地研究》17(1): 59-90。

鍾聖雄、許震唐，2013，《南風》。台北：衛城。

Corburn, Jason, 2005, *Street Science: Community Knowledge and Environmental Health Justice*. Cambridge: The MIT Press.

O'Rourke, Dara and Gregg P. Macey, 2003, "Community Environmental Policing: Assessing New Strategies of Public Participation in Environmental Regulation." *Journal of Policy Analysis and Management* 22(3): 383-414.

Ottinger, Gwen, 2009, "Epistemic Fencelines: Air Monitoring Instruments and Expert-Resident Boundaries." *Spontaneous Generations: A Journal for the History and Philosophy of Science* 3(1): 55-67.

Ottinger, Gwen, 2011, "Rupturing Engineering Education: Opportunities for Transforming Expert Identities through Community-Based Projects." Pp. 229-248 in *Technoscience and Environmental Justice: Expert Cultures in a Grassroots Movement*, edited by Gwen Ottinger and Benjamin Cohen. Cambridge, MA: MIT Press.

Ottinger, Gwen, 2012, "Changing Knowledge, Local Knowledge, and Knowledge Gaps: STS Insights into Procedural Justice." *Science Technology & Human Values* 38(2): 250-270.

Scotta, Dianne and Clive Barnett, 2009, "Something in the Air: Civic Science and Contentious Environmental Politics in Post-apartheid South Africa." *Geoforum* 40(3): 373-382.

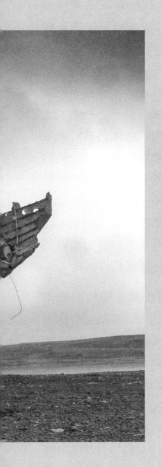

第 8 堂課——
澎湖空難事故及高鐵道岔異常：大型交通運輸科技系統的風險治理

張國暉　助理教授
國立臺灣大學國家發展研究所

　　從 1970 年代以來，許多學者已指出現代工業社會所面臨的最嚴肅挑戰之一，即是如何管理科技風險（technological risks）（Freudenburg and Pastor, 1992）。我們不難理解現代社會的重要特徵之一，即是科技發展通常本為人類解決問題或帶來福祉，但許多被發展出來的科技產物，卻往往為人類帶來更多且更難處理（如果不是無法解決的話）的問題、風險或不確定性（uncertainties）（Beck, 1992a）。其中，大型科技系統（large-scale technological systems）更常見地帶有這種特質，例如許多研究已發現交通運輸（航空、軌道或汽車等）、藥物開發廠、電力網、工業供給鏈、食物供應網絡及能源生產廠（核能、風力）……等系統，雖已為人類社會解決基本且重要的食衣住行需求，但隨著這些系統的創新、擴張及複雜化，卻也帶給人類社會許多不同以往且難以處理的風險及其管制任務（Batteau, 2010; Hänninen and Laurila, 2008）。本書諸多篇章已分析部分矛盾現象（如食安、核四、流感、電磁波、石化及風電等），但本文特從大型科技系統的角度檢視科技所帶來的風險，並鎖定在交通運輸科技系統。

　　回顧 2014 年臺灣大型交通運輸科技系統的年度災難及風險事件，除了 7 月 23 日一架由高雄起飛前往澎湖馬公的復興航空班機，在降落機場附近發生了造成機上 48 人死亡及 15 人輕重傷的舉國震驚事故之外，引起國人較多及較高關注的事件還包括高鐵出現歷年來最頻繁的道岔（轉轍器）訊號異常故障……等。雖然澎湖空難事故及高鐵道岔異常的災難或風險相當不同，但從大型交通運輸科技系統的角度檢視，除可發現更細膩的技術性風險管理是不可避免之外，同樣重要的是應可投注更深刻的社會性及政治性風險關懷在航空及高鐵科技系統上。當然，2014 年度當中臺灣還有若干大型交通運輸科技系統的災難及風險事件，例如臺鐵電車線掉落造成嚴重誤點的事故，甚至是臺北捷運隨機殺人事件等，但因篇幅有限及這些事故在本年度的特

殊性程度等原因，本文未列入。不過，綜合來看這些風險及事故，本文建議若從大型科技系統的角度觀察及分析，亦應可獲得許多啟發。

　　簡要來說，所謂大型科技系統的特徵在於具有全球性的影響範圍（global in scope）及可以做為全球性比較的結構（global in structure）。前者意指科技系統可在全球許多地方並對許多人的日常生活造成實質影響，而後者則是指科技系統的結構（包含組織、人員、科技軟硬體等）具有相當大的規模，而在全球中少見（Gökalp, 1992: 58）。基本上，航空及高鐵科技系統應都具備這兩項特徵，除了兩者的營運及相關支援系統外，還延伸至眾多製造產業，故兩者的結構應都屬全球性的龐大規模。此外，雖然高鐵科技系統不若航空科技系統幾乎在全球各國都已建置國內外交通網絡，但其在歐洲、中國、日本及臺灣等人口眾多之地，早已擔負相當重要的運輸能量，難稱沒有全球性的影響範圍。因此，航空及高鐵科技系統的全球影響力應自不待言，其造成的災難與潛藏的風險所構成的嚴肅及嚴重性更是無法忽視。本文目的即嘗試透過大型科技系統及其風險治理的相關觀點，檢視及分析看似差異甚多甚遠，但卻同屬大型科技系統所帶來的澎湖空難及高鐵道岔之災難與風險。以下本文先分就澎湖空難及高鐵道岔異常事件簡述，並指出若干爭議點，最後再以大型科技系統的觀點評述這兩起事件。

壹、澎湖空難事件及其爭議

　　根據行政院飛航安全調查委員會（飛安會）2014 年 8 月 20 日向行政院及國際民航組織提出的調查初步報告（Aviation Occurrence Preliminary Report）簡述，「復興航空 GE222 航班，機型 ATR-72，國籍標誌及登記號碼 B-22810，由高雄小港機場起飛前往澎湖馬公機

場，機上載有正、副駕駛員各1人、客艙組員2人、乘客54人，共計58人。該機使用馬公機場 VOR 20 跑道進場，約於19:06 時墜毀於馬公機場20跑道頭附近之湖西鄉西溪村，機上乘員48人死亡、10人受傷，另有地面居民5人受傷。」（飛安會，2014a）基本上，初步報告僅包括：事故發生時間、地點、機型、天氣狀況、記錄器種類、人員傷亡及航空器受損情況等相關基本資料。飛安會預計事故後六個月內發布事實資料報告（Factual Data Report），十二個月內完成調查報告草案，並於十八個月內（約於2015年年底）發布調查報告（Final Report）（飛安會，2014b）。因此，目前距離找出澎湖空難的原因，並由此進一步提出檢討以避免未來再次發生的調查判斷及建議，尚有一段時間。

然而，由於此次澎湖空難造成極嚴重的損害，在空難發生後立即有媒體輿論及學者專家開始根據有限資料推測（或臆測）事件發生成因，解析（或建構）GE222 航班當時所面臨的各種風險及其一連串的發生過程，並且持續了相當一段時間占據各式媒體的核心報導事件，因此衍生許多爭議。其中，因飛機失事當時時間（19：06 飛航紀錄器停止記錄）距離氣象局解除臺灣本島及澎湖的麥德姆（Matmo）颱風陸上警戒的時間（17：30）未久，但因當時仍發布「澎湖有局部大雨或豪雨的機率」以及「各地風雨仍大」的警戒（18：15及19：15均有發布）的情形（氣象局，2014：45-48），所以天候不佳的因素多被視為造成空難的主要原因。然而，由於天氣因素瞬息萬變，在若干短暫但難預測的時間區間內尚可允許航班起降，因此外界亦推測恐有其他較為間接之因素，伴隨著天候狀況共同作用而導致班機失事，這些因素包括：航空公司為爭取利潤鼓勵所屬飛行員在不確定天候狀況下飛航，而臺灣的飛航搭乘文化又相當程度地鼓勵航空公司、飛行員及說服自身將風險感知偏向低估，使得最後共同地型塑出一個同意啟航的決定。

除此之外，還有若干因素也被外界重視，包括當時軍方與民間航空管理的重疊、還有飛行員飛航經驗等等，都被視為可能是其中一項關鍵因素導致事故發生。然而，目前最接近也掌握最多事故證據的飛安會卻僅提出初步報告，相關直接、間接因素及其連動關係都有待嚴肅檢證。

貳、高鐵道岔異常事件及其爭議

根據交通部於2014年5月29日在立法院所提「高鐵財務改善規畫暨針對轉轍器異常之根本解決對策」報告，高鐵全線計有706個轉轍器及146個道岔，自2007年1月通車以來每一年均有發生道岔功能或訊號異常事件，其中2007至2013年共有55件，2014年9月底前則已有12件，不僅沒有逐年降低，甚至還是歷年最高，這些異常經常導致許多車班誤點甚至停駛，影響乘客人次及時間甚鉅（交通部，2014；立法院，2014）。此外，高鐵的道岔功能或訊號異常事件不僅在2014年達到最高次數，也不僅同一樣態（電子元件問題）也達到最高次數，7月底的5天內更曾出現三次異常，亦出現密集程度最高的現象。交通部分析道岔功能或訊號異常樣態後，指出可分為電子元件問題、機械問題、外力問題、電機元件異常、工作環境異常、間歇性異常及興建階段施工瑕疵等七種。其中，前四種為主要發生樣態，而當中的機械問題除通車當年外，其後鮮少發生，基本上另三種則是主要的異常樣態，近兩年仍有發生，但歷年累積最多異常樣態則屬電子元件問題（交通部，2014）。

由於高鐵轉轍器異常事件沒有停止、甚至也無趨緩的情形，因此引發立法院對交通部仔細且深入的質詢，並因此出現若干爭議。

首先，交通部長葉匡時在接受答詢時指出，「前兩天我才知道，過去發生這些問題時，西門子公司所派遣的人，可能層次不夠高，重視程度也不夠」，可說是遲得令人訝異。然而，更異常者其實是在立法委員管碧玲的質詢下，高鐵公司董事長范志強坦承遲至2014年5月22日，西門子才在臺灣高鐵公司拒付尾款的威脅下終於派人來臺，其協理也才指出西門子鐵路自動化部門的 CEO 親自要求正視臺灣高鐵的問題並進行處理。在2014年之前，西門子在未派人來臺研究的情形下，持續以臺灣高溫潮濕導致轉轍器異常為由說服高鐵公司本身及向臺灣交代，更因此提供密封式轉轍器給臺灣，但「卻比原來的更糟糕」（立法院，2014：493-496）。然而，更令人感到「異常」者，則是如范志強所言「我們大家（高鐵公司、高鐵局、交通部等）都想當然爾認為臺灣的天氣或者濕度高這些問題（所導致）」（立法院，2014：496）。基本上，對於影響行車營運以及安全的核心技術物問題，遲至通車第八年（且是在威脅情況下）技術輸入國始獲得原廠足夠重視程度，而自身也無能為力，甚至想當然爾地完全接受原廠說法，實令人憂心及費解。

其次，另一值得注目的爭議在於過去（自2008至2010年）與臺灣相同採用德國西門子同型號轉轍器（S700K）的中國高鐵，在2010年與西門子合資並在中國設廠後，另外生產了改良型號（S700C）替代，然而西門子公司卻沒有告知臺灣高鐵，更遑論這兩個型號在中國使用的詳細比較情形。臺灣高鐵公司尚且是自行蒐集資訊後，才瞭解其所使用的轉轍器型號在中國的發展情形（立法院，2014：493-495）。

參、評述臺灣大型交通運輸科技系統的風險及其治理

基本上，就大型科技系統的內部結構來說，它可視為是一種緊密結合的系統（tightly coupled systems），而且這樣的緊密結合不僅表現在機械性的技術層面，更彰顯在當代工業制度及社會秩序之間（Batteau, 2010）。亦即，科技系統包含了繁複、龐雜及種種解決問題的元件（components），這些元件除指各種科技硬體外，還有組織管理、法令規則及所需資源等，它們組合起來以達成共同的系統目的（common system goal）。因此，大型科技系統可說是社會所建構地（socially constructed），其之所以得在社會當中打造及生存的關鍵，除了系統設備本身之外，更在於社經脈絡的營造與相互配合，彼此之間成為一種無縫網絡。所以像是美國、英國及德國的電力科技系統建構，其實更是反應各國所自有的政治、地理及社經制度條件（Hughes, 1999）。

由於大型科技系統除了高度複雜的技術性，還更需要綿密地與社會性及政治性進行互動與彼此型塑，因此當我們檢視澎湖空難事故及高鐵道岔異常事件時，除了框限（framing）在技術性的認識及理解風險外（Freudenburg and Pastor, 2014），應可透過社會性及政治性觀點獲得更巨觀的觀察與分析。首先，就大型科技系統本身的特質來看，由於它是一種緊密結合的龐大複雜系統，因此一連串的微小差異難以偵測並予調整，且偵測及調整工作往往恐需付出相當大的成本，因此當這些微小差異經過連續性的累積，若還再伴隨難以避免的人為疏忽後，恐會招致意外「正常地」發生（Perrow, 1999）。若特就航空科技系統來看，雖然它的緊密結合性在初期建置階段其實並不高，然若因需求增加而快速的擴充設備及補充程序，在某些特定的情形下，

錯誤結合（mismatches）的
發生機率常會因此升高，特
別是在這些快速擴充或補強
過程中，傳統的在地文化仍
有影響力，甚至較具有決定
性時（如人治壓力、長幼尊
卑習慣等），這樣的大型科
技系統其實可能會比較脆弱
（Batteau, 2010: 555-556）。

　　其次，目前已有研究指出雖然世界各國多有建置及營運航空科技
系統，但空難發生的機率並不是平均分配。相對於歐美先進國家，亞
洲、非洲及拉丁美洲的航空運輸量較低，但這些區域的空難事故機
率卻較高。經深入檢視這些區域的空難事故原因，發現某些在地的文
化因素會提高航空科技系統的風險。例如，1994 年華航名古屋空難
事件調查報告中指出，華航飛行員團隊當中的威權文化應是造成墜
機的主要原因。當時華航班機機型為空中巴士 A300，在當時被認為
是配備有最先進的電子駕駛系統（fly by wire，但非指自動駕駛，而
是透過電子設備傳送訊號協助完成指令，例如汽車多已配有動力方
向盤協助駕駛完成轉向指令，無須靠駕駛本身真的使力轉向），但空
難發生時卻改為傳統手動，而需靠駕駛本身感覺及體力操控（manual
yoke and rudder）。由於當時由副駕駛手動操控降落，意外地觸動重飛
機制，使得一時間突然出現模式混淆（mode confusion），也就是一種
錯誤結合（因為電腦操控模式是重飛，但卻正以手動操作降落）。然
而，更關鍵的是當時機長並沒有協助副駕駛判斷及處理，反而是沉浸
在指控副駕駛的錯誤，並也更讓副駕駛陷入一時癱瘓。根據語音記
錄顯示，當副駕駛用力（手動）與飛機抗衡時，機長卻不停言語攻

擊副駕駛。基本上，這樣的管理及團隊合作文化並再經一連串的突發及錯誤小事件，最後導致機上271名乘客及機組員中有264人死亡（Batteau, 2010）。

　　除了華航1994年名古屋空難外，2002年華航一架波音747-200型由桃園飛往香港編號CI-611號班機在澎湖外海約1萬公尺因機尾金屬疲勞導致高空解體，造成機上人員全數罹難，成為歷來發生在臺灣境內死傷最慘重的空難。據研究指出，這次空難也指向了華航公司內部文化所觸發。因為該架飛機在1980年維修降落所致之尾翼撞擊破損時，並未依照原廠波音公司規範進行，而是依據當時情況及工程師自身或公司過去經驗從事維修工作。由於華航係由軍方為主體組成，其初期成員及相關組織文化均帶有相當軍事色彩，而其中之一即是在某些情形下，過去的維修經驗被視為可信賴的原則，而不是僅能完全照原廠規範進行維修。而追溯這項軍方文化，係來自於更早之前的替美國維修越戰設備的經驗，當時臺灣軍方獲得美方初階的軍事技術移轉，並據此延伸及累積經驗以替美方維修飛行器械。由於當時臺灣軍方工程經驗雖係來自非正統的累積，但卻也達成不少美方期待，因此這些非正式經驗累積以非正式地習慣留存軍方，並還引以為傲。然而，這樣的文化，卻恐也導致2002年華航CI-611班機因早期維修便宜行事，且未在其後二十年間獲得重視，最終可說完全意外地墜毀，造成極大傷亡（Tai, 2013: 589-594）。

　　本文並非暗示2014年7月澎湖空難亦是因文化因素所引發，也無意暗示其一定是其中一樣因素，誠如前述目前離最終報告的提出尚有一年多的時間，目前談空難原因仍過早。但是，本文想提出的是除了熟知的技術性框架探求風險來源外，若干文化因素也很有可能提升航空科技系統風險，甚至釀成極大災難。特別是殷鑑前兩次華航空難，我們應有必要再繼續檢討航空科技系統在臺灣與在地社會及政治

的接軌與互動，如此便有可能找出更多且深入的結構性風險潛伏，使
臺灣航空科技系統的安全風險機率脫出亞洲形象。此外，前述提及臺
灣航空業的利潤文化及民粹文化恐引導對安全風險低估的現象，本文
建議透過大型科技系統的觀點啟發，亦應可藉未來調查報告提出，以
便以全盤性的宏觀視角檢視臺灣的航空科技系統與社會的聯繫性，讓
兩者進一步共同生根與構連。畢竟風險的本質之一即是含括了知識的
不確定性，也就是風險的計算性（calculability）有其侷限，因此對風
險的計算應是一種社會技術問題（socio-technical problem），而不單
純僅被認為是技術性的（Anderson and Felici, 2009: 220）。

　　第三，若先跳開在地文化等結構因素可能對大型科技系統產生影
響的觀點，而專注在科技系統本身時，除了前述「緊密結合」特徵恐
難免發生「正常意外」的現象值得關注外，我們會發現大型科技系統
的營運者常會以其高度技術及複雜化為由，而極度地將其專業進行內
外劃界分立的作為。亦即，大型科技系統常被塑造成僅得由具少數內
部的專業人士進行營運及維護的工作，特別是在風險管制的規範上。
也就是說，風險種類、內容、機率及其影響程度與範圍等，常僅能由
少數人定義，否則即常予欠缺專業之說詞為策略而抗衡之。然而，從
高鐵道岔異常事件的情形觀察，透過國會機制的監督與質詢，可發現
交通部及高鐵公司對轉轍器專業素養可能其實相當有限，他們恐常直
接移植那些未曾親至臺灣研究的原廠工程師之知識，來面對科技系
統之外的質疑。同樣地，在航空科技系統當中，風險管制及定義的
工作也可能淪為少數經營者的禁臠，若無相關機制介入或抗衡，風
險因素很可能會難敵產業利潤的價值（Hänninen and Laurila, 2008）。
2014 年 4 月南韓發生世越號船難事件，亦有相關論點指出新自由主
義下將乘客認知為商品的扭曲現象，而忽視了風險在公共交通運輸
上應有的價值次序（何撒娜，2014）。不過，最可嘆的恐是往往大型

科技系統以外之行動者，包括社會民間團體及政府等，也常自我設限於專業領域之外而自我噤聲，更坐實所謂的截斷式民主（truncated democracy）（Beck, 1992b: 118），亦即科技得有相當機會自外政治體制，外界不僅無法參與介入，甚至也難以提供不同意見。

　　第四，從大型科技系統觀點或許可對澎湖空難及高鐵道岔事件的另一觀察，則是可由其觀點的「戰線缺口」（reverse salient）概念獲得一些啟發。大型科技系統的演化應像是軍事作戰前線出現缺口需要改善，其解決方法必須重整整個軍隊／系統的方向為原則，因為看似一個缺口的現象，往往是一連串的誤差事件所造成。因此相對來說，大型科技系統的缺口不應以「瓶頸」來看待，因這樣常僅限於刺激若干內部元件或組合的改善，並以硬體改變為主以便突破瓶頸（Hughes, 1999）。就此，我們未來應可關注的是臺灣的航空及高鐵科技系統因澎湖空難及道岔異常事件所進行的改善調整思維，必須以戰線缺口角度檢視，而不應限縮為瓶頸的突破。最後仍值得一提者，則是從大型科技系統觀點應還可有許多值得參考，但因篇幅限制，建議讀者可透過以下參考文獻做進一步的探討及延伸。

參考文獻

立法院，2014，《立法院公報》103(47): 473-542。

交通部，2014，高鐵財務改善規畫暨針對轉轍器異常之根本解決對策。
　　http://lis.ly.gov.tw/lydb/uploadn/103/1030529/12.pdf，取用日期：2014
　　年10月8日。

何撒娜，2014，〈沉沒的船・沉沒的韓國？從世越號看韓國社會與文
　　化〉。巷子口社會學，http://twstreetcorner.org/2014/09/29/hosana/，取
　　用日期：2014年10月8日。

飛安會，2014a，復興航空GE222飛航事故調查初步報告。http://www.
　　asc.gov.tw/asc_ch/accident_list_2.asp?accident_no=236，取用日期：
　　2014年10月8日。

飛安會，2014b，復興航空GE222飛航事故調查進度報告。http://www.
　　asc.gov.tw/asc_ch/news_list_2.asp?news_no=552，取用日期：2014年
　　10月8日。

氣象局，2014，麥德姆（Matmo）颱風警報單。http://rdc28.cwb.gov.
　　tw/TDB/ntdb/pageControl/typhoon?year=2014&num=201410&name=M
　　ATMO&from_warning=true，取用日期：2014年10月8日。

Anderson, Stuart and Massimo Felci, 2009, "Classes of Socio-technical
　　Hazards: Microscopic and Macroscopic Scales of Risk Analysis." *Risk
　　Management* 11: 208-224.

Batteau, Allen W., 2010, "Technological Peripheralization." *Science,
　　Technology, & Human Values* 35(4): 554-574.

Beck, Ulrich, 1992a, *Risk Society: Towards a New Modernity*. London: Sage

Beck, Ulrich, 1992b, "From the Industrial Society to the Risk Society:
　　Questions of Survival, Social Structure and Ecological Enlightenment."
　　Theory, Culture & Society 9: 97-123.

Freudenburg, William R. and Susan K. Pastor, 1992, "Public Responses
　　to Technological Risks: Toward a Sociological Perspective." *The
　　Sociological Quarterly* 33(3): 389-412.

Gökalp, Iskender, 1992, "On the Analysis of Large Technical Systems." *Science, Technology, & Human Values* 17(1): 57-78.

Hänninen, Hannu I. and Juha S. Laurila, 2008, "Risk Regulation in the Baltic Sea Ferry Traffic." *Science, Technology, & Human Values* 33(6): 683-706.

Hughes, Thomas P., 1999, "The Evolution of Large Technological Systems." Pp. 51-82 in *The Social Construction of Technological Systems: New Directions in the Sociology and History of Technology*, edited by Donald MacKenzie and Judy Wajcman. MA: The MIT Press.

Perrow, Charles, 1999, *Normal Accidents: Living with High-Risk Technologies*. NJ: Princeton University Press.

Tai, Dong-Yuan, 2013, "Engineering Ethics, STS, and the China Airline CI-611 Accident." *East Asian Science, Technology and Society* 7: 579-599.

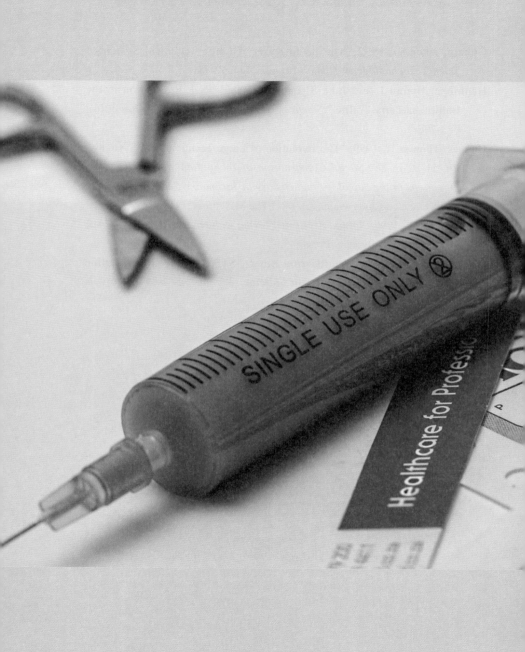

第 9 堂課——
H1N1 疫苗接種

蔡宏政 教授
國立中山大學社會學系

壹、疫苗接種過程

　　臺灣在2009年5月發現第一例H1N1感染病例，為防止疫情擴大，政府將疫情升至二級警戒，並且把H1N1新流感定為第一類法定傳染病，開始對新流感展開一系列的行動，例如加強管制國外移入疑似病例、加強宣導防疫觀念、建立病例通報系統、學校停課標準等。同時，在提供克流感藥物進行立即治療外，政府也委託國內生技公司製造新流感疫苗，積極準備全國性新流感疫苗施打計畫。

　　疫苗開打規劃之時，衛生署考慮到民眾可能會搶打或打不到疫苗，所以由疾管局統一計畫接種順序與開打時程。由高危險群開始施打，例如，2009年11月1日開始第一順位，針對莫拉克風災安置場所住民，計有6個受災縣市，22個收容場所；第二順位則是同年的11月9日對孕婦與6個月未滿1歲的嬰兒開打，疫苗接種的合約院所預計超過500家。同時也限制民眾不能選擇國光或諾華生產的疫苗。

　　隨著施打人數的增多，暈眩、肢體癱軟、發燒抽搐、孕婦死胎等不良反應的案例也陸續傳出，但官方的回應全部都是「初步排除與疫苗有關」。同年的12月12日疫苗如期全面接種，衛生機關為方便民眾，在大賣場、學校或廟宇等人潮密集處開設接種站，並以贈品（高麗菜、毛巾、文具、乾洗手液、防疫桌曆、牙刷或帽子）吸引民眾，「果然一舉超過50萬人接種」。[1] 雖然不良反應案件跟著上升，但疾病管制局副局長周志浩表示，「疑似嚴重不良反應事件的64件通報案件中，包括2件死亡，死者都有多重慢性病史，初步調查死因與疫苗無直接相關；死胎、流產等疑似妊娠不良反應事件則有5件，初步研判

1　2009 H1N1新型流感訊息中心，http://homepage.ntu.edu.tw/~ntuidrec/swineflu/ News_more1211_1220.htm，取用日期：2014年7月10日。

也與疫苗無關,均由預防接種受害救濟審議小組進行審查中。」[2]

　　整個疫苗施打進程在 12 月 21 日以後出現關鍵性轉折。臺中一名劉姓男孩在 2009 年 11 月 19 日施打新流感疫苗後,同年的 12 月 21 日因敗血症死亡。這個案例之所以震撼社會的風險感知,是因為劉小弟的父親是一位頗具聲望的醫生,在整整一個月的過程中,動用許多醫界關係,尋求醫治,最終仍無法挽回劉小弟一命。劉小弟的學校雖然已經由衛生局排定在接下來的兩天要施打第二劑疫苗,但家長疑慮壓力倍增,經過溝通,決定延後施打。

　　2009 年 12 月 24 日,在民眾緩打國光流感疫苗之際,諾華疫苗陸續到貨。衛生署 2009 年採購 1,500 萬劑疫苗中,諾華占 500 萬劑,諾華每劑購入價格約新臺幣 390 元,接近國光的兩倍。國貨既不被信任,較貴的洋貨就帶來風險較低的希望。有些家長對小學生接種第二劑疫苗採觀望態度,另外一些家長則希望第二劑改打諾華。對於這樣的風險感知,臺大醫院感染科主治醫師謝思民說,諾華疫苗比國光疫苗多了佐劑,但兩者裡面都沒有活的病毒,所以從學理來說,交叉接種不同廠牌疫苗,對施打後的保護效果不會相差太多。臺大醫學院小兒科教授黃立民認為,有打就好,兩劑疫苗不同廠牌沒有關係。衛生署副署長張上淳雖未反對民眾改打諾華疫苗,但也提醒,全世界沒有一個新流感疫苗試驗是交叉接種不同廠牌疫苗,因為這意謂著打兩種不同廠牌疫苗,可能冒兩種風險。[3]

2　王昶閔、徐夏蓮,2009,〈新流感疫苗不良反應 331 件〉。自由時報電子報,
　　http://news.ltn.com.tw/news/life/paper/360316,取用日期:2014 年 8 月 6 日。

3　陳清芳 2009,〈交叉接種不同廠牌疫苗　專家:有打比沒打好〉。華視全球資
　　訊網,http://news.cts.com.tw/cna/life/200912/200912240372341.html,取用日期:
　　2014 年 7 月 10 日。

　　專家意見未定，12 月 26 日單日接種人數已下降至 4.2 萬人。12
月 30 日，衛生署仍決定拒絕開放民眾選擇不同疫苗。周志浩副局長
表示，考量不良反應與廠牌無關，且違背接種策略，恐引發已接種民
眾不滿，所以維持原本的接種策略，暫不開放選擇疫苗廠牌。但這樣
的堅持僅維持了十天，衛生署在 2010 年 1 月 6 日表示，因為「由於
目前國光、諾華二廠牌 H1N1 新流感疫苗數量充足，指揮中心決定 1
月 9 日起民眾可於各合約醫療院所選擇疫苗廠牌。」[4] 即使到最後屈從
民眾的風險感知，但公眾對官署的信任已經難以挽回。根據疾管局統
計，新流感流行期間，政府共採購 1,500 萬劑新流感疫苗，但只用掉
566 萬餘劑，使用率僅約三成八。[5]

貳、風險爭議點

議題一：是否大規模施打疫苗？

　　2009 年 H1N1 新流感開始流行於美洲國家，美國、墨西哥、加
拿大等國家的防疫措施相繼淪陷。對這個新流感病毒所可能造成疫
情擴大與死亡傷害，加上世界衛生組織的處置建議，衛生署在 5 月首
例境外移入確定病例後，就依照 WHO 的第四級疫情做出積極防疫措
施，國衛院與臺大醫院的學者專家也建議儲備疫苗與藥物，準備全面
施打疫苗。

4　〈國光、諾華 H1N1 疫苗將全面鋪貨，民眾可選擇施種〉。衛生福利部護理及
　　健康照護司，http://203.65.42.115/cht/DONAHC/DM2_P.aspx?f_list_no=7&fod_l
　　ist_no=4491&doc_no=39388，取用日期：2014 年 8 月 6 日。
5　〈卸任前　楊志良告 7 名嘴　不滿鄭弘儀等人放砲稱「打疫苗會死掉」〉。蘋果
　　日報，http://www.appledaily.com.tw/appledaily/article/headline/20110211/331753
　　29/，取用日期：2014 年 7 月 16 日。

不過2011年初，當醫院每日疑似流感的就診人數持續增加中，新流感疫情似乎又有爆發大規模感染的可能性，有些醫師開始擔憂流感疫情將比 SARS 疫情嚴重。對此一憂慮，衛生署疾管局副局長周志浩認為，SARS 致死率高，無特殊 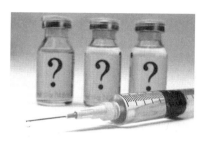 治療方式，相較於可預防，較好治療的流感，兩者傳染力、嚴重度都不同，拿來相提並論並不適宜。同時，依疫情監測，流感有降溫趨勢，呼籲民眾不用過於恐慌。而針對死亡人數大幅攀升，疾管局說明是因前年新流感大流行影響，讓醫界今年更積極通報、診斷，才會讓流感重症與死亡人數大幅增加。

　　但是前衛生署長葉金川則認為，雖然 SARS 致死率高達10％，也沒有疫苗或藥物。相較之下，流感有疫苗與克流感等藥物，在2009年冬季一波新流感的致死率也只有約萬分之0.6，重病住院的約是死亡的25倍，約萬分之15。但新流感感染力高，被感染及發病人數遠高於 SARS，2010年冬季新流感死亡人數及重病人數遠高於2009年冬季，到2011年2月下旬仍未趨緩。因此主張 H1N1 流感比 SARS 嚴重，從影響病人生命安全數量來看並不為過。[6]

　　這個爭論顯示兩點：第一，同樣擔任過官署的公衛首長對是否應該全面施打疫苗的判斷可能是非常不一樣的；第二，與2009年首例 H1N1 流感移入時的積極防疫態度相較，2011年官方面對疫情擴散的

6　中時健康，http://health.chinatimes.com/contents.aspx?cid=5,68&id=12973，取用日期：2014年7月10日。另外，根據疾管局統計，嚴重不良反應比率臺灣是十萬分之4.5，美國是十萬分之0.5，加拿大是十萬分之1（張峰義等 2011: 119）。

想法呈現幾乎完全相反的轉變。兩點合而觀之,讓人不禁想問,2009年有必要以匆忙製作的疫苗,急切地展開全面施打,導致後來過高的不良反應傷害嗎?

議題二:疫苗的安全性

這次疫苗施打的核心爭議就是國光生技公司所產製的疫苗是否安全。根據衛生署公布的每周監測數據,國內疫苗施打在嚴重不良反應事件、死亡事件,尤其是妊娠死亡事件比率,明顯高於美國與加拿大。

表1　不良事件與美、加兩國比較表

	臺灣 (2009年12月 29日為止)	美國 (2009年12月 18日為止)	加拿大 (2009年12月 12日為止)
總接種劑數	524萬	8,590萬	2,407萬
疑似不良事件通報率 (每10萬劑)	10.0	7.5	20.8
疑似嚴重不良事件通 報率(每10萬劑)	2.3	0.44	0.64
死亡事件通報	7(1.34%)	26(0.28%)	6(0.25%)
總通報疑似妊娠不良 事件通報	11	0	0

資料來源:整理自衛生署 H1N1 新型流感疫苗通報不良事件監測摘要,
　　　　　http://flu.cdc.gov.tw/lp.asp?CtNode=3949&CtUnit=823&BaseDS
　　　　　D=7&mp=150。

對國光疫苗的安全性疑慮，前衛生署長陳建仁表示，疫苗研發太晚導致安全性有疑慮，只有在動物和人體試驗都沒問題的情況下，他才敢打。前疾管局長蘇益仁則認為，澳洲的人體試驗樣本 1,000 人，國光生技預定 200 人；一般流感的疫苗，臨床試驗要 4 個月，而國產新流感疫苗則縮短到 2.5 個月，而且是 6 月才開始研發，因此他「只敢吃藥不打疫苗」。此外，臺大醫院小兒感染科醫師黃立民也直言，國光生技第一次研製疫苗，數量又多達 500 萬劑，在趕工的狀況下，品質確實令人擔憂。[7]

針對外界的諸多疑慮，前國光研發執行長何美鄉表示，疫苗是安全的，製作過程也沒有問題。雖然過去國光只有分裝國外流感疫苗，並沒有生產疫苗的經驗，但有了日本及荷蘭的技術指導，國光技術三級跳，已經有能力生產疫苗。至於疫苗快速審查通過被質疑有不合格的嫌疑，何美鄉則強調，H1N1 不是新疫苗，「完全沒有必要」做更嚴謹的人體試驗，更表示沒有經驗不代表品質不良。此外，根據 WHO 的規定，疫苗上市前需做三個批次測試，檢驗合格後才能使用。然而，國光公司 2009 年 10 月 15 日完成初步臨床試驗，同年 11 月 12 日便拿到衛生署藥證許可，同年 11 月 15 日就開始大量施打，事實上，國光公司在第一批 500 萬劑交貨時尚未獲得許可證，也就是在拿到許可證之前就已經大量生產。何美鄉證實事實如此，否則無法供應國內的需求量。但她表示國光是冒了極大風險，萬一許可證沒有下來，所有的投資通通付諸流水，強調國光是為了照顧國人健康，認為「有疫苗用總比什麼都沒有好」。[8]

7　聯合新聞網，http://udn.com/NEWS/NATIONAL/NATS2/5052034.shtml，取用日期：2009 年 8 月 12 日。

8　J. Michael Cole，2010，〈FEATURE: Adimmune vaccine: Saving or risking lives?〉。台北時報，http://www.taipeitimes.com/News/taiwan/archives/2010/01/16/2003463621，取用日期：2014 年 7 月 10 日。

議題三：對疑似不良反應的解釋

隨著大規模施打的展開，許多對疫苗疑似不良的反應也被不斷地報導出來。但是根據疾管局所公布的預防接種受害救濟審議小組的報告，顯示截至 2010 年 12 月 14 日為止，受理 H1N1 疫苗接種受害救濟申請共計 542 件，審議小組均已完成審議，除 3 件相關、75 件無法排除（計 71 件給予補助醫療費用救濟）外，其餘 464 件判定無關，不予救濟。死亡個案部分，申請件數共計 47 件，其死因則判定均與預防接種無關。

當 2009 年 12 月 21 日做為醫生之子的劉姓男孩在接受疫苗注射一個月之後死亡，整個疫苗施打終於出現「緩打潮」。對於劉小弟的死亡，醫界專家再一次地人言言殊，對此風險還是只有分歧的解釋，疫苗與不良副作用之間的因果關係，幾乎所有的可能性都有。

　　臺大兒科副教授李秉穎表示，過去沒有看過打任何疫苗引發多重器官衰竭的報告，學理上也說不通，恐怕不能歸咎疫苗。男童病因有可能是罕見病毒感染、自體免疫疾病或血液疾病三種原因。李秉穎研判是血液疾病的可能性較高，某些血液疾病會引發白血球不正常增生，經一連串反應導致細胞激素風暴，進而引發休克，雖不是感染，但表現與敗血性休克很類似，建議進行病理解剖來釐清死因，但最後也可能無解。臺灣感染症醫學會理事長、林口長庚兒童醫院院長林奏延指出，當時專家討論後認為與疫苗無關，但後續發展他不清楚，尚無法評論。過敏風濕免疫科醫師則有不同看法，臺大兒科教授江伯倫認為，男童的症狀比較類似全身性的類風濕性關節炎，可能是免疫過度反應，在治療過程中演變成

複雜性感染，終致敗血性休克。江伯倫指出，男童最初的免疫過度反應，究竟是感染還是疫苗引起？還需要進一步深入調查，目前還不能直接排除與疫苗有關。[9]

參、風險分析

一直以來，臺灣的快速超趕的「經濟奇蹟」被認為是國家領導發展（state-led development）或領導國家（developmental state）模式所致。這個模式指的是政府科層組織以經濟發展為優先，將資本或相關資源策略性地貫注於某個產業部門，以帶動整體經濟發展。在這個模型中，最重要的是一個領航的政府機構（pilot agency），它能夠設定整體的國家發展目標，選定重點發展的支柱產業（pillar industry），並且有能力通過制度性安排，協調私人企業追求個別利益的行為，以服膺此整體國家發展目標。

在這個國家領導發展中，人口與公衛政策從戰後初期的軍事動員轉變為經濟建設，首要目標在提供優質健康的勞動力以加速資本積累。疫苗政策正是做為公衛政策的一環被培植起來。1965 年引進國外小兒麻痺與日本腦炎等疫苗進行接種時，省衛生處長許子秋以日本所贈之日本腦炎疫苗為基本材料，合併引進另 12 萬劑的破傷風疫苗，以雙盲方式，直接對本地 24 萬名孩童進行接種試驗，結果顯示該疫苗的有效性大約只有百分之八十（陳宗文，2013：61-62）。這種疫苗接種決策與進行方式以技術官僚的治理方便為主，提供了疫苗生產國與臺灣政府免費的大規模人體試驗，接種者的風險幾乎不在其考

9　王昶閔、徐夏蓮，2009，〈新流感疫苗不良反應331件〉。自由時報電子報，http://news.ltn.com.tw/news/life/paper/360316，取用日期：2014 年 8 月 10 日。

量範圍之內，完全體現
了威權國家領導發展下
專家政治的專斷。

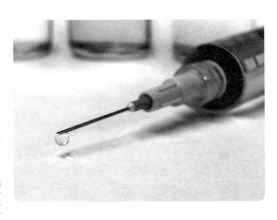

此次 H1N1 疫苗接
種政策也再一次體現
了，環繞在衛生署與國
光生技公司的產、官、
學界領導精英如何持續
以國家領導發展與專家
政治的觀點來進行 H1N1 疫苗的決策。首先，當 2009 年 4 月 28 日，
WHO 將新流感疫情提升到第四級時，衛生署在一個星期之後（5 月
5 日）就決定了疫苗全面施打政策（張義峰等，2011）。衛生署並沒有
意識到，這個疫苗施打政策是一個必須與社會進行風險溝通的重大政
策，而是把它化約為一個專業技術問題，頗為自得地認為自己的反應
遠遠走在 WHO 之前。[10]

第二，國光生技在第一次投標時，衛生署坦言：

> 「國光公司是第一次生產流感疫苗，所生產的疫苗適用
> 於 1 歲以上者，衛生署雖有安全及品質管控機制，但在保障
> 國人健康最優先的前提下，仍應設法分散可能的風險。指揮
> 中心指揮官葉金川在 7 月 7 日第 15 次會議，指示再向國外
> 廠商採購少量疫苗，提供高危險族群施打。」（張峰義等，
> 2011：102）

10　衛生署的原文是，「在 WHO 尚未對新型流感疫苗產製及使用提出任何方針，
　　甚至是否產製疫苗都不確定時，衛生署已著手規劃疫苗採購，在2009 年 5 月
　　5 日辦理廠商說明會。」（張峰義等，2011：102）

顯然，衛生署對沒有疫苗生產經驗的國光生技不是沒有疑慮，但這樣的風險考量在疫苗全面施打的決策過程中，並沒有資訊透明，並與社會大眾充分溝通。它被當成是一個技術問題，就在專家政治的知識與權力圈內被決定了。

　　第三，國光生技公司的前三大股東是行政院開發基金（持股19.42％）、荷蘭疫苗大廠 CRUCELL HOLLAND B.V.（持股11.45％，後來被國際大廠 Johnson & Johnson 併購）、經濟部耀華玻璃（持股10.32％）。國光的高層領導與國家退休官員關係密切，1997年9月詹啟賢擔任衛生署長、楊志良任副署長，2000年5月詹啟賢卸任之後則由李明亮擔任衛生署長。2007年8月前衛生署長李明亮接任國光董事長，在2008年6月李明亮卸任之後，則由詹啟賢接任國光董事長。官方資本獨大，與現任官員關係密切，卻宣稱以私人商業邏輯運作的公司，在2009年7月10日與8月25日分別得到500萬劑疫苗的訂單，並在同年10月15日就通過臨床試驗。尤其令人側目的是，它卻在2009年11月12日才得到衛生署的許可證，卻在許可之前就量產交貨。它體現的正是典型的威權國家領導發展模式。

　　第四，國光的發展到目前為止還是關鍵性地依賴國家政策的支持。國光生技在2007年與2008年（也就是兩任前衛生署長接任董座時期）投資30億元興建流感疫苗新廠，所以 EPS（earning per share，每股盈餘）皆為負數。但2009年因為接到政府1,000萬劑的疫苗訂單，營收大幅成長6.5倍達13.69億元，毛利率（74.83％）也較前兩年的34.89％及17.8％大幅跳升，稅後淨利5.88億元，EPS 3.73元，公司於2009年9月29日上興櫃，2012年成為上市公司。[11]

11　楊璧如，2010，〈詹啟賢的國光生技值得買嗎？〉。《萬寶週刊》883。
　　e-STOCK 發財網，http://estock.marbo.com.tw/Report/Report.asp?ID=103226，
　　取用日期：2014年8月1日。有關國光公司對自己得標的說明，請見

2013 年 EPS 為負 3.25 元。[12] 政府持續扮演著領導經濟與社會發展的任務，而國光則繼保生之後，成為發展國內生技產業的領航企業，政府官員與企業領導人相互洗牌，形成一個權力與知識的封閉社群，戒嚴時期創造出來的國家領導發展模式在民主化之後並沒有實質的改變。

民主化雖然沒有實質改變國家機器的運作邏輯，但相對地，公民社會就改變許多。首先是在言論自由下的媒體傳播。民主化之後的臺灣媒體在真實、正確、平衡與即時等新聞報導原則上雖然經常屈就於搶新聞的即時性原則，而犧牲其他三項原則，甚至於用煽情與極端化的報導方式來爭取收視率。但媒體的多元報導使得官方觀點之外的疫苗風險得被披露。這種媒體發展趨勢反映在公衛新聞報導上，就產生一方面是官員強調的新聞報導「不正確」、「不科學」，但另一方面，媒體從業人員卻認為媒體報導本來就可能跟消息來源有不同的認知，甚至要站在挑戰的立場（蘇蘅、陳憶寧，2010）。其次，吳怡伶與王實之（2012）也指出，在衛生的範疇中，「常民參與」對公共衛生政策及醫療科學知識的貢獻，在西方的研究受到相當的肯定，在臺灣也有案例顯示它對衛生政策與醫療知識產生積極的影響。這兩者使得 H1N1 疫苗出現不良反應時，政府無法如同戒嚴時期，直接壓制異議之聲。不良反應被非官方的不同專家意見加以評估討論，公眾因此得以知曉官方說法之外的另類觀點。不幸的是，國家領導發展的模式使得衛生署不斷地把社會中的不同意見視為可以忽略不計，甚至於是妨礙完成任務的敵對勢力。

官員對疫苗安全性的主觀偏好最戲劇性地表現在當時的衛生署

---

http://www.adimmune.com.tw/qa.php，取用日期：2014 年 8 月 1 日。

12 富聯網，http://www.money-link.com.tw/news/newsc.aspx?sn=2014033100200533&k=119&page=2，取用日期：2014 年 8 月 10 日。

副署長張上淳對孕婦與胎兒可能風險的解釋。他強調，從2009年11月開打到12月7日，施打疫苗的1萬2千多名孕婦，發生流產有36起，比例0.3%、死胎1起，比例0.01%，遠小於未施打疫苗11.9萬孕婦，流產比率4.1%。[13] 然而，張上淳副署長的因果解釋要成立，必須立基於一個假設：兩群孕婦之間除了接種疫苗有無之外，其他條件皆相同。但顯然張副署長是在還沒有清楚這兩群高達13萬孕婦的詳細狀況下，就做出這種特定的因果推論。換言之，官方在判定疫苗的不良反應事件時，就主觀認定疫苗是安全的，之所以會有不良反應，乃是接種者自身身體狀況不尋常才導致的結果。但在解釋疫苗接種對防止孕婦流產的「好處」時，又相反地假定兩群孕婦之間除了接種疫苗有無之外，其他身體狀況條件皆相同。這種明顯的主觀偏好非但不能強化公眾對官方說法的信任，反而產生了。「風險的社會放大（social amplification of risk）」效果。（Kasperson et al., 1988）。

在國家領導發展模式下，風險感知的詮釋權被系統性地掌握在威權政治體制中，從而建立起專家政治的風險感知。但是民主化之後，公民社會擁有重新詮釋風險的能力與管道。在這種轉變之後的民主政治中，專家政治那種由上而下強加其風險概念於公眾，並且完全否認關於疫苗風險的其它醫療見解，正是導致了公眾疑慮的根源。這個疑慮在劉小弟事件之後終於越過臨界點而爆發。因此H1N1疫苗接種政策的失敗，以及楊志良署長對媒體的提告，所顯示的重要意義是，一個根植於威權政治體制的專家政治因為無法提出有效的民主風險治理模式，經由納入風險承擔者（stakeholders）的參與來減低集體風險感知的不確定性，最後導致公民社會的抵制而窒礙難行。

13　2009 H1N1新型流感訊息中心，http://homepage.ntu.edu.tw/~ntuidrec/swineflu/News_more1211_1220.htm，取用日期：2014年8月10日。

參考書目

吳怡伶、王實之,2012,〈常民參與對衛生政策與醫療知識的貢獻:職業病補償與診斷／認定之爭議的歷史分析〉。《臺灣社會研究季刊》89: 127-184。

陳宗文,2013,〈權力的技術與技術的權力:臺灣疫苗採用的歷程分析〉。《臺灣社會學》25: 45-87。

張峰義等編著,2011,《世紀首疫:H1N1 新型流感大流行工作紀實》。臺北:行政院衛生署疾病管制局。

楊玉齡、羅時成,1999,《肝炎聖戰:臺灣公共衛生史上的大勝利》。臺北:天下。

蔡宏政,2007,〈台灣人口政策的歷史形構〉。《台灣社會學刊》39: 65-106。

蘇蘅、陳憶寧,2010,〈公共衛生危機中政府與媒體如何共舞:檢視產生不實新聞的影響因素〉。《廣告學研究》339: 1-38。

Kasperson, Roger E., Ortwin Renn, Paul Slovic, Halina S. Brown, Jacque Emel, Robert Goble, Jeanne X. Kasperson, and Samuel Ratick, 1988, "The Social Amplification of Risk: A Conceptual Framework." *Risk Analysis* 8(2).

第 10 堂課——
電磁輻射風險

高淑芬　助理教授
佛光大學社會學系

壹、電磁輻射風險事件

「電磁輻射」常被民眾稱為「電磁波」，在文獻中則常以「非游離輻射」詞彙指涉之，其頻率越高能量越強。非游離輻射分為「極低頻電磁波」（extremely low frequency, EMF-ELF）與「射頻電磁波」（radio frequency, EMF-RF）。常見的極低頻電磁波來源，包括輸配電設施（例如：高壓電纜、變電所），以及電磁爐、微波爐、吹風機等家電用品。射頻電磁波來源則包括雷達站、無線電視發射台、WiMAX、FM、AM 廣播電台、行動電話與基地台等設施。現代生活中因充斥著日新月異的電訊科技與各類電子用品器材，致使人們曝露在不同來源「電磁輻射」的潛在健康風險中。

近年來世界各國相當重視不同來源電磁輻射的健康風險，臺灣民間社會對各種電磁輻射健康風險也相當的關注，故引起不少風險爭議，例如：2005 年 1 月至 11 月全臺各地就有 22,000 次抗爭基地台，致使 400 個基地台遭拆除，損失達到 37 億元以上（劉莉秋，2005）、2006 年起在臺南七股的氣象雷達電磁波風險爭議，[1] 2007 年 WiMAX 抗爭、2010 年教育部推動電子書包面臨民間團體抗爭、2011 年 3 月田尾反高壓電塔事件。2014 年間不同來源的電磁輻射風險爭議持續發生，例如：3 月間彰化和美鎮民宅設行動電話基地台遭社區居民抗議（簡慧珍、凌筠婷，2014）、4 月間七股區十份里兩座大型電信基地台遭鄰近四里里長率里民近 200 人與民代到場抗議，質疑業者非法

1　在七股反雷達自救會與環保團體多年努力下，交通部中央氣象局終於答應遷移七股氣象雷達站，並於 2013 年 3 月 7 日，中央氣象局在台南市七股區鹽埕里民活動中心舉辦七股氣象雷達遷移更新地點說明會。七股氣象雷達電磁波爭議的歷史沿革詳見（Kao, 2012），關於七股社區居民與民間專家以及和官方立場不同的學院派學者一起開展了電磁輻射風險的論述建構，詳見（高淑芬、邱紹華，2013）。

架設，要求撤台（周宗禎，2014），以及6月間八德市的工廠頂樓行動電話基地台爭議（鄭國樑，2014）。又如4月臺南後甲社區發展協會理事長陳綺雯率領130位里民，到市府及市議會抗議，反對台電於1里內設置兩個變電所（鄭維真，2014）。再者台灣電力公司屏東新埤至大鵬灣進行輸變電系統埋管工程，台電公司與當地村民在3月協調未果，台電請求超過百名警力支援，與承包商到現場動工，遭到屏東縣竹林村自救會及社區居民的強烈抗議（陳沛佑、張進安，2014）。以及2014年5月氣象局預計在屏東縣新園鄉設置的全國第三座防災降雨雷達站的地方說明會遭到200名鄉民抗議（張進安，2014）……等。

　　這些不同來源的電磁輻射風險爭議的核心在於缺乏科學證據，且爭議的兩陣營在電磁輻射對人體健康潛在／未來影響方面沒有共識。氣象局、台電、國家通訊傳播委員會（NCC）與行動電話基地台設置的事業單位都聲稱依臺灣環保署和世界衛生組織公布的幾個文獻（WHO, 2007a; 2007b）所設定的標準，當地電磁波是完全符合安全標準的，地方居民則不認同這樣的回應，兩個陣營對科學知識與風險論述的宣稱（claim）相當不同，以下針對電磁輻射風險的兩點爭議進行分析。

貳、電磁輻射風險爭議分析

一、「國際非游離輻射防護委員會」（International Commission on Non-Ionizing Radiation Protection, ICNIRP）文獻詞彙翻譯的爭議：[2]

環保署以參考「國際非游離輻射防護委員會」一般民眾電磁場建議值，於2001年1月12日公告「非職業場所之一般民眾於環境中暴露各頻段非游離輻射之建議值」分為低頻和高頻的兩頻段，低頻環境建議值是833毫高斯（mG），另外高頻電磁波之環境建議值則為：900兆赫（MHz）為0.45毫瓦／平方公分；1,800兆赫（MHz）為0.9毫瓦／平方公分；氣象雷達觀測站2,836兆赫（MHZ）為1毫瓦／平方公分。台灣電磁輻射公害防治協會對於該公告中之「環境建議值」一詞之翻譯認為不妥。根據2010年國際非游離輻射防護委員會所提出的準則（ICNIRP, Guidelines）在基本限制（BASIC RESTRICTIONS）的內容（ICNIRP, 2010: 825），台灣電磁輻射公害防治協會認為：國際非游離輻射防護委員會所謂的急性瞬間（transient）傷害限制值是指限制急性傷害的暴露，因此不贊成環保署使用「環境建議值」的翻譯，[3]因為字面上的意義容易誤導，讓人覺得是好的，該協會並強調「環境建議值」不是安全值，也提出環保署應該要將「環境建議值」修改為「急性瞬間傷害的限制值」。[4]

在環保團體不斷要求環保署應該將國際非游離輻射防護委員會所

2　有關法規引用文獻詞彙翻譯爭議的詳細分析，請參考（高淑芬、邱紹華，2013）。

3　在2012年之前，環保署的法規皆用「環境建議值」一詞。

4　資料來源：作者訪談（2011/03/09），請參見（高淑芬、邱紹華，2013：59）。

提出的準則（ICNIRP, 2010）中文翻譯[5]作修改後，環保署針對此議題在2012年3月27日召開「檢討非游離輻射環境建議值適切性」專家會議，[6] 在多位公衛學者、民間團體、產業界與社區自救會代表，分別陳述立場與觀點後，與會公衛學者進一步討論同意後，環保署將其「非屬原子能游離輻射管制網」網頁裡「曝露指引」內容修改如下：

> 為防護國人免於遭受人為發射源所產生之電場、磁場及電磁場的過量曝露，行政院環境保護署（以下簡稱本署）於2012年11月30日公告我國「限制時變電場、磁場及電磁場曝露指引」，該曝露指引係參考世界衛生組織支持之國際非游離輻射防護委員會（以下簡稱ICNIRP）1998年及2010年所訂定之一般民眾曝露環境電磁場參考位準值，亦為國際多數國家所遵循。……對於一般環境所訂定的極低頻（電力設施等60Hz）磁場管制規範為83.3微特士拉，即833毫高斯。……手機基地台及無線網路的部分，針對頻率不同有不同的曝露指引。例如：2G基地台900MHz為0.45mW/cm^2、1,800MHz為0.9mW/cm^2；PHS基地台1,900MHz為0.95mW/cm^2；3G基地台800MHz為0.4mW/cm^2、2,100MHz為1mW/cm^2；WiMAX為1.0 mW/cm^2。國家通訊委員會已將該曝露指引納入「行動通信網路業務基地臺設置使用管理辦法」。[7]

5　台灣電磁輻射公害防治協會指出其他關於2010年ICNIRP參考位準值說明（Reference Levels）原文多處內容在法規中翻譯有誤，請見 http://tepca.org.tw/motion-detail.php?category=9&sn=86，取用日期：2014年7月20日。

6　資料來源：「檢討非游離輻射環境建議值適切性」專家會議紀錄（環保署，2012）。

7　環保署網頁，http://ivy1.epa.gov.tw/Nonionized_Net/EmeRegulation.aspx，取用日期：2014年8月30日。

　　此修改內容雖未完全使用環保團體建議的「急性瞬間傷害」語彙，但修改了規範內容，並註明曝露指引中所指的是「短期曝露造成之急性效應及長期曝露影響」，如此可更接近國際非游離輻射防護委員會規範文獻內容之原意。

二、「熱效應」與「非熱效應」的爭議

　　台灣電磁輻射公害防治協會認為國際非游離輻射防護委員會所提出的準則，在基本限制中所界定的這些數據，是指認定為電磁波強度足以造成人體「熱效應」的數值，一般正常的環境曝露是不會達到此數值的標準，反而是長時間低劑量的「非熱效應」才應是造成人體危害所該考量的。然而，認定電磁波無害的環保署前非游離輻射預警機制風險評估小組主席林基興指出：

　　　……833 毫高斯是『超安全』（包含五十倍的安全係數）
　　的國際規範，國際非游離輻射防護委員會聲明：在五十倍的
　　安全係數下，保護已經綽綽有餘。（林基興，2008：104）

　　筆者發現國際文獻中的 833 毫高斯、1 毫瓦／平分公分等是規範會產生「熱效應」的限制值，而「非熱效應」，這部分因尚未建立科學因果關係，故這個效應尚未被訂出基本限制，但這並不表示沒有任何證據顯示會有健康危害的風險。而公部門和認為電磁波無害的學者卻是以只要不超過環保署所公告的「環境建議值」就是安全的、沒有風險論述，來回應民眾提出的健康疑慮。換言之，風險爭議的正反雙方並沒有在「非熱效應」議題上有聚焦的討論。認為電磁輻射有害一方一直談論的是「非熱效應」的風險，另一方則無視「熱效應」與「非熱效應」的差異，且持續陳明只要在環境建議值以下都是安全

的，政府與民間在電磁輻射議題爭議中的溝通嚴重失焦。

參、當前電磁輻射風險治理的侷限

　　臺灣科技官僚面對關注電磁輻射健康風險的抗議者，往往以「符合國家公告標準」的理由回應，並強調爭議設施（例如：防災雷達站、輸變電系統）對國家防災體系之重要或公共利益考量，對抗民間與環保團體的質疑與訴求，藉由「立法」與「行政」的不作為，讓風險爭議的問題遲遲無法解決。單向、說帖式的「風險溝通」模式，不僅未能提供真實的對話機制，政府各部門強調其合法、無過失的說詞，則突顯出現行環境制度針對高科技管制風險漏洞重重的問題。在「電磁輻射曝露及受傷的評估」上，環保團體、抗爭民眾及關心此議題的學者，所關切的議題大部分環繞在長期曝露於電磁輻射對人體健康在「非熱效應」的影響。在欠缺電磁輻射與病症之間的生物機轉證據之下，且在尚未建立因果關係的現階段，政府部門以遵循國際曝露規範下就是安全及無風險的基調，和社區居民與環團進行宣導式單向說明，實在無任何成效。從風險社會（Beck, 1992）角度而言，近代科學發展已逐漸在科學的認識上發現

電磁場知識的不確定性（uncertainty in knowledge），因此在方法論上如何面對眾多複雜相關的資訊，有效的處理有價值及可信賴的部分，這些判斷與運用資訊，需要訓練有素的專業諮詢人員，包括醫藥界和科技工程界（Funtowicz and Ravetz, 1993: 742）。

綜觀國內外對於電磁波健康效應的科學評估，整體而言在短時間內尚無法獲得充分的科學證實，然而另一方面卻也無法證實其係屬無害健康風險評估，因對曝露於危害性因子而造成危害的估計與評價，必須正確的掌握每一過程之資訊或進行合理之推估，才能將健康風險評估之不確定性降至最低。國內對健康風險評估的研究，大部分都屬於健康風險工程方面的文獻，即探討某種物質是否對人體產生生物效應的風險程度，並藉由數量化做為風險運用之判斷（鄧文炳、丁幹，1997；林銳敏，1994），而電磁輻射健康風險知覺的研究甚少。評估電磁輻射未來可能造成之健康風險，從這個角度來看，目前政府在這一方面仍有很長的路要走。

此外，國際非游離輻射防護委員會文獻裡（ICNIRP, 2010: 830）關於長期曝露於電磁輻射可能之影響（CONSIDERATIONS REGARDING POSSIBLE LONG-TERM EFFECTS）這部分[8]談到：

8　原文是「As noted above, epidemiological studies have consistently found that everyday chronic low-intensity (above 0.3-0.4 µT) power frequency magnetic field exposure is associated with an increased risk of childhood leukemia. IARC has classified such fields as possibly carcinogenic. However, a causal relationship between magnetic fields and childhood leukemia has not been established nor have any other long term effects been established. The absence of established causality means that this effect cannot be addressed in the basic restrictions. However, risk management advice, including considerations on precautionary measures, has been given by WHO（2007a and b）and other entities」（ICNIRP, 2010: 830）。

「如上所述，流行病學研究一致發現每天長期低強度（0.3-0.4μT 以上）[9] 電磁場曝露會增加小兒白血病的風險。國際癌症研究機構（IARC）已將此磁場曝露定為可能致癌。然而，電磁場與兒童白血病因果關係尚未被建立，也沒有其他長期影響已被建立。缺乏已建立之因果關係，表示這個效應不能訂出基本限制。然而，世界衛生組織與其他機構已提出風險管理的措施，包括納入各種預防保護措施的考量（WHO, 2007a & 2007b）。」（ICNIRP, 2010: 830）

筆者發現，認為電磁輻射無害者的論述與公部門及事業單位人員的說法皆是「一切合乎法規限制」，因此沒有安全上的顧慮（高淑芬、邱紹華，2013：72）。其引用國際非游離輻射防護委員與世界衛生組織的各項文獻來支持宣稱，但卻都沒有談到這些文獻中所提到的預防保護措施，如此之風險溝通模式有弱化風險（attenuating risk）之嫌（Kao, 2008），也同時建構了遲滯、隱匿風險的在地社會系統並破壞社會信任，進而累積科技社會不可預測的後果（周桂田，2004）。在當地居民懷疑自己是否曝露於可能危害的風險時，他們從政府官員與事業單位得到的回應，是單向、宣導式「一切安全」的說法，在長期個人經驗被忽視或被認定是「不理性」的情況下，對公部門信任惡化似乎是無法避免的結果。

肆、臺灣電磁輻射風險治理新典範的想像

筆者認為面對當前各類型的電磁輻射風險爭議，其解決之道是

9　1μT（微特士拉）=10mG（毫高斯）

採用具有「審議民主」精神的「參與式風險治理」取向（Renn and Schweizer, 2009），以及「擴大同儕審查社群」[10]（extended peer review community）機制設計。這種機制採取了後常態科學（Post-Normal Science）的觀點（Ravetz, 1999；周桂田，2007；Kao, 2012），即對於科技風險不確定性的問題肯認多元的科學專業、不同的社會價值取捨與公眾風險感知之多樣性，並且在風險決策上發展「納入」（inclusion）多元性、多層次性、多樣性之治理典範。其形式可以運用「公民陪審團」（citizen juries）、「焦點團體」、「共識會議」或「權益關係人論壇」（stakeholder forum）……等進行審議。這些作法必須被納入在當前電磁輻射與其他新興科技風險治理制度和運作之中，以鼓勵對話和促進相互尊重。作者提出這種風險治理新典範，在臺灣電磁輻射風險治理各階段，可以如何操作的幾點想像。

　　第一，面對電磁輻射科學研究結果一致性尚未普遍存在，以及電磁輻射影響的複雜性、不確定性和無知性（ignorance）的現象，政府在發展電信科技政策之前，應該從事「先前評估」（pre-assessment），瞭解掌握相關科技與電磁輻射風險議題的多樣性，蒐集、分析國內外文獻有關議題的討論，特別是非游離輻射知識不確定性、模稜兩可情況下，先進國家如何操作預警原則措施……等。在風險評估（risk assessment）層面，科學研究社群除了持續針對風險評估議題進行科學研究外，權益關係人以及與官方意見不同的學院專家，都應被視為科學審查的同儕，他／她們的在地知識、對問題的理解與不同的看法，都應該被納入持續的風險評估與科學研究方法設計的考量。這樣，不僅可以改善現有正反雙方風險論述不對等的現象，亦可緩和臺灣當前電磁輻射風險爭議的衝突。

10　又稱為「擴大科學審查社群」（extended peer communities），參考周桂田（2007）。

　　第二，在「非游離輻射對人類健康與環境的科學評估」方面，特別是在「熱效應」與「非熱效應」的科學評估上，作者認為科學評估過程中，不同立場的科學研究與論述，其所採用的預設（assumptions）與推論法則（inferential rules）必須被進一步的討論（Gee, 2009），因為同樣研究的解釋不同，可能其背後的主觀價值信念是不同的，這就造成風險的容許標準（tolerance）與篩選（threshold）的不同。國際間目前針對非游離輻射所訂出的防護規範（ICNIRP, 2009; ICNIRP, 2010），其原則是基於必須有因果關係之建立。目前整體而言，射頻輻射所造成的熱效應，已經有相對充分、具共識的研究結果來界定其風險，很多國家已經有相關保護的規範，然而這種主流觀點同時也遭受一些學者的質疑（Adey, 2004; Henshaw and O'Carroll, 2006; Blank, 2007）。這些學者認為藉由電磁場非常小的變化，強度低的電磁場即有可能擾亂細胞信號（disturbing cell signaling）或應激反應系統（stress response systems）而可能造成傷害（Gee, 2009: 2）。在2011年射頻輻射在 WHO 所依據的 IARC（International Agency for Research on Cancer）的致癌物等級由原本的第3級──無法認定為致癌物（not classifiable as to its carcinogenicity to humans），提升到2B級──可能致癌（IARC, 2011）。這也突顯出當前電磁輻射健康風險在非熱效應健康危害與潛在致癌的可能性，當知識涉及模糊性，就會面臨預警原則實踐的討論。國際學術社群所做的研究「畢歐尼特報告」（Bioinitiative Report 2007）就引用較多含有不確定性的研究，在「畢

歐尼特報告」中就已經呼籲採取預警原則來制訂新標準，建議的長期曝露值甚至是 ICNIRP 建議值的1%，甚至是1‰（Bioinitiative Report, 2007；王瑞庚、周桂田，2012）。

作者認為面臨「非熱效應」的健康風險不確定性的研究與是否採取積極的預警原則立場的問題，其實彰顯出科學解釋與價值選擇的模稜兩可性。我們需要在研究結果一致性、行動機制和動物證據等各類證據存在與否之間做出權衡。在此權衡過程裡，不論是公眾或持相反觀點的專家，這些權益關係人都應被視為潛在的同儕，一起參與對該問題的定義和處理。作者建議政府應設立「電磁場健康與環境影響風險評估的科學委員會」，並且賦予該科學委員會獨立性、透明性、信賴性，不受官方干涉。並於該科學委員會納入上述持不同意見的專家，一起評估許多晚近個別關於非熱效應的研究，並定期將每一份評估報告與會議紀錄公告上網，使每一位公民都可以在該科學委員會的網頁上輕易下載。另外，也需要透過風險溝通、利益關係者參與討論並開放公民參與管道，讓決策者可以充分處理模稜兩可的問題。

最後，作者建議在臺灣電信科技快速蓬勃發展又同時面臨各地興起的電磁輻射風險爭議，政府與管制單位對於長期曝露於各種來源電磁輻射的社區應有相對應的社會關懷，正視民眾提出的許多疑慮。對於預警原則如何實施，以及其施行對經濟面向的影響評估都是該進一步瞭解，並由不同領域的學者（例如：社會學者、經濟學者）與主流科技專家進行對話與討論。權益關係人的在地知識與對問題的理解有可能補充科學家或技術專家現有之知識。這些與主流科學專家持有不同看法者，往往可以有能力處理好不確定性，以及與科學專家看法歧異的問題。因此，設計「擴大同儕審查社群」機制來從事「知識評估」不僅重要，更可藉由這種「參與式風險治理」模式提升處理新興科技風險和環境健康治理能量。

參考文獻

中文資料

王瑞庚、周桂田，2012，〈台灣發展 WiMAX 之潛在健康風險與風險治理探討〉。《台灣公共衛生雜誌》31(5): 399-411。

周宗禎，2014，〈大基地台成病灶？　200 里民喊撤〉。聯合報，2014-04-09/B1 版 / 大臺南・運動。

周桂田，2004，〈獨大的科學理性與隱沒的社會理性之對話──在地公眾、科學專家與國家的風險文化探討〉。《台灣社會研究季刊》56: 1-63。

周桂田，2007，〈新興風險治理典範之芻議〉。《政治與社會哲學評論》22: 179-233。

林基興，2008，《電磁恐慌》。臺北：台大出版中心。

林銳敏，1994，〈有害空氣污染物與健康風險評估〉。《環境工程會刊》3(8): 121-126。

高淑芬、邱紹華，2013，〈電磁波風險爭議分析與風險治理之省思〉。《國家發展研究》13(1): 41-92。

陳沛佑、張進安，2014，〈協調未果　台電埋管清晨動工　動員百警維安〉。聯合報，2014-03-05/ 聯合報 /B1 版 / 高雄屏東臺東・運動。

張進安，2014，〈防災雷達說明會　2 百鄉親抗議〉。聯合報，2014-05-03/ 聯合報 /B1 版 / 高雄屏東臺東・運動。

鄧文炳、丁幹，1997，〈低劑量輻射效應的風險評估〉。《核研季刊》22(1): 52-58。

鄭國樑，2014，〈民拒基地台 「沒違法，不拆」〉。聯合報，2014-06-15/ 聯合報 /B2 版 / 桃園綜合新聞。

鄭維真，2014，〈我們不是二等公民　1 里 2 變電所　後甲里民落淚陳情〉。聯合報，2014-04-16/ 聯合報 /B1 版 / 大臺南・運動。

劉莉秋，2005，〈WiMAX 基地台有容身之處嗎？〉。台灣電信產業發展協會，http://www.ttida.org.tw/forum_detial.php?b_id=39，取用日期：2012 年 4 月 28 日。

簡慧珍、凌筠婷，2014，〈屋主承諾拆基地台　卻與中華電續約兩年　令人氣結〉。聯合報，2014-03-23/ 聯合報 /B1 版 / 彰投・運動。

英文資料

Adey, W. R., 2004, "Potential therapeutic applications of non-thermal electromagnetic fields: ensemble organization of cells in tissue as a factor in biological field sensing." Pp. 1-15 in *Bioelectromagnetic Medicine*, edited by Rosch, P. J. and Markov, M. S.. New York: Marcel Dekker.

Beck, U., 1992, *Risk Society: Towards a New Modernity*. New Delhi: Sage. (Translated from the German Risikogesellschaft 1986.)

Bioinitiative Report, 2007, "Bioinitiative Report: a Rational for a Biologically Based Public Exposure Standard for Electromagnetic Fields (ELF and RF)." Available at: http://www.bioinitiative.org. (Date visited: August 20, 2010).

Blank, M., 2007, "Health Risk of Electromagnetic Fields: Research on the Stress Response." In *Bioinitiative Report: a Rational for a Biologically Based Public Exposure Standard for Electromagnetic Fields (ELF and RF)*. Available at: http://www.bioinitiative.org. (Date visited: August 20, 2010)

Funtowicz, S. O. and Ravetz, J. R., 1993, "Science for the post- normal age." *Futures* 25(7): 739-755.

Gee, D., 2009, "Late lessons from early warnings: Towards realism and precautions with EMF?" *Pathophysiology* 16(2-3): 217-231.

Henshaw, D. L. and O'Carroll, M. J., 2006, *Response to Draft Opinion of SCENIHR on EMF*. University of Bristol.

International Agency for Research on Cancer (IARC), 2011, "IARC Classifies radiofrequency electromagnetic fields as possibly carcinogenic to humans." Available at: http://www.iarc.fr/en/media-centre/pr/2011/pdfs/pr208_E.pdf (Date visited: August 28, 2014)

ICNIRP (International Commission on Non-Ionizing Radiation Protection),

2009, ICNIRP Statement on the "guidelines for limiting exposure to time-varying electric, magnetic, and electromagnetic fields (up to 300 GHz)". *Health Physics* 97(3): 257-258.

ICNIRP (International Commission on Non-Ionizing Radiation Protection), 2010, ICNIRP Guidelines "guidelines for limiting exposure to time-varying electric, magnetic, and electromagnetic fields (1Hz to 100kHz)". *Health Physics* 99(6): 818-836.

Kao, S. F., 2008, "Social amplification of risk and environmental collective activism: a case study of Cobalt-60 contamination incident in Taiwan." *International Journal of Global Environmental Issues* 8:182-203.

Kao, S. F., 2012, "EMF controversy in Chigu, Taiwan: contested declarations of risk and scientific knowledge have implications for risk governance." *Ethics in Science and Environmental Politics* 12:81-97.

Ravetz, J., 1999, "What is post normal science?" Futures 31(7): 647- 653.

Renn, O. and Schweizer, P. J., 2009, "Inclusive risk governance: concepts and application to environmental policy making." *Environmental Policy and Governance* 19: 174-185.

World Health Organization, 2007a, Environmental Health Criteria, Series, No. 238. Extremely Low Frequency (ELF) Fields. Geneva: World Health Organization.

World Health Organization, 2007b, Electromagnetic Fields and Public Health: Exposure to Extremely Low Frequency Fields. Fact Sheet No. 322. Geneva: World Health Organization.

網路資料

環保署網頁，http://ivy1.epa.gov.tw/Nonionized_Net/EmeRegulation.aspx，取用日期：2014 年 8 月 30 日。

台灣電磁輻射公害防治協會網頁，http://tepca.org.tw/motion-detail.php?category=9&sn=86，取用日期：2014 年 8 月 20 日。